中小企业低成本数字化转型之路

从"贝壳找房"看数字时代的组织重塑

曾 颖◎著

中华工商联合出版社

图书在版编目（CIP）数据

中小企业低成本数字化转型之路：从"贝壳找房"
看数字时代的组织重塑 / 曾颖著. — 北京：中华工商
联合出版社，2022.4

ISBN 978-7-5158-3360-6

Ⅰ.①中… Ⅱ.①曾… Ⅲ.①中小企业—企业管理—
成本管理—数字化—研究 Ⅳ.①F276.3

中国版本图书馆CIP数据核字（2022）第044851号

中小企业低成本数字化转型之路：从"贝壳找房"看数字时代的组织重塑

作　　者：	曾　颖
出 品 人：	李　梁
责任编辑：	胡小英　楼燕青
装帧设计：	回归视觉传达
责任审读：	李　征
责任印制：	迈致红
出版发行：	中华工商联合出版社有限责任公司
印　　刷：	香河县宏润印刷有限公司
版　　次：	2022 年 5 月第 1 版
印　　次：	2022 年 5 月第 1 次印刷
开　　本：	880mm×1230mm　1/32
字　　数：	160 千字
印　　张：	8
书　　号：	ISBN 978-7-5158-3360-6
定　　价：	58.00 元

服务热线： 010 — 58301130 — 0（前台）
销售热线： 010 — 58302977（网店部）
　　　　　 010 — 58302166（门店部）
　　　　　 010 — 58302837（馆配部、新媒体部）
　　　　　 010 — 58302813（团购部）
地址邮编： 北京市西城区西环广场 A 座
　　　　　 19 — 20 层，100044
　　　　　 http://www.chgslcbs.cn
投稿热线： 010 — 58302907（总编室）
投稿邮箱： 1621239583@qq.com

从 2020 年 3 月中共中央政治局常委会关于从七个领域加快推进新型经济基础设施建设的重大政策措施指导工作意见，到 2020 年 4 月 1 日中共中央国务院《关于构建更加完善的要素市场配置机制体制指导意见》，再到第二季度末 31 个省市陆续出台颁布的地方性企业数字现代经济体系建设与产业发展五年战略行动规划，都在明确表示：第一，数据是除土地、劳动力、资本等传统生产要素之外的新时期核心生产要素和基础战略资源；第二，发展数字经济，数据＋传统行业、产业数字化、数字产业化，是当前帮助地方政府和企业尽快恢复生产和经营活力，实现整体转型升级和高质量发展的有效途径之一。

我国中小企业数量众多且生存压力较大，具有一定的不确定性，其生存能力与所处的数字化发展水平息息相关，中小企业通过数字化转型，依托信息技术和数字技术将传统线下作业流程进行升级改造，从而实现业务降本提效的过程，成为现阶段的主动选择。如何有效地引导量大面广、基础薄弱、普遍"心有余而力不足"的中小企业进行数字化转型？如何通过与数字技术的深度融合，激发出企

业在生产模式、组织形态和价值分配上的变革创新能力，成为制造数据、使用数据、应用数据的产业生力军？中小企业的数字化转型如何另辟蹊径，克服人力、资金约束，摆脱投入成本高，见效周期长的困局？本书将通过对贝壳找房平台三年内指数级增长的商业逻辑的分析和运营细节的展示，为中小企业探寻出一条基于组织重塑的低成本、低风险道路，改变过去普遍的简单开发软件、引入系统的投入型数字化转型之路，从组织解绑、业务疏通、权力释放、模式重构角度进行生产方式的创收型突破变革。中小企业在数字化转型上认知有局限，需诊断问题，找准痛点；能力不足，需边转型边提升；资金不足，需要增效优先，清晰收益回报。坚持数字化转型投入"先软后硬"的道路，这个"软"指的是战略规划、商业模式和组织模式等架构设计的软投入；这个"硬"指的是信息技术、数字平台的硬投入。

本书旨在赋能中小企业产业思维、资本思维、生态思维的全面思维升级，充分挖掘数据要素可共享、可复制、可无限供给的特性，在数字化转型之路上，面向未来，基于企业的重新塑造，会转、能转、敢转，容易上手，轻松攻坚、巧妙变身，顺利通关。

目录 CONTENTS

第一章

中小企业的数字化转型探索

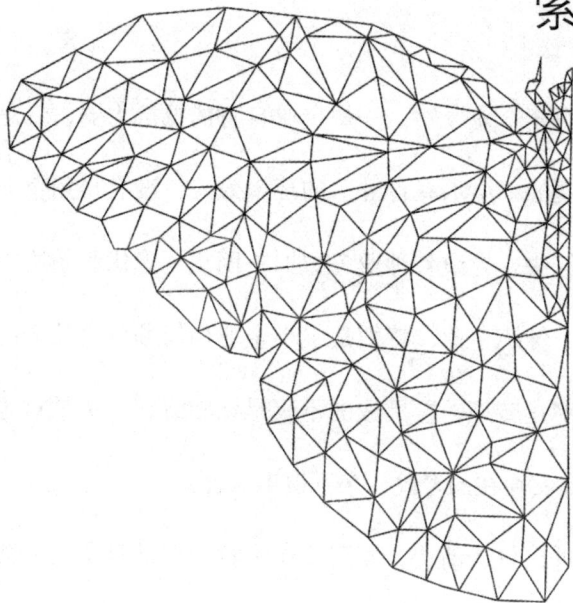

一、中小企业数字化转型的时代背景

企业问题集中而充分地爆发，一是企业自身的抵抗力弱，二是互联网持续纵深发展的"温水煮青蛙"的环境效应，没有得到企业足够的重视和有效解决，导致各种业务掣肘、困扰、隐忧和矛盾由来已久，顽疾难除。传统企业，特别是中小企业如何顺应大数据的发展趋势，进行数字化转型，这挑战的不仅是认知意识，更是对思维能力、资金体量实实在在的考验，来不得半点含糊。

当前，传统的进出口、消费、投资等作为拉动全球经济的三驾马车遭到重创，企业面对互联网、物联网新技术以及全球经济环境的变化，更加重视通过技术创新、产业创新、业态创新、模式创新，实现有效投资、满足消费升级、布局新全球化。穷则变，变则通，脱离创新窘境，加速战略迭代正成为中国3000万企业家面临的共同课题，一些企业开始对所处的数字经济时代进行深度，反思并在各种变量中谋求商业模式的变革突破（见图1-1）。

图 1-1 数字化转型的时代背景

1. 内循环和外循环的有机结合

2021年，中国已经成为世界上最大的单一市场，内循环（见图1-2）将是中国经济规模扩张的主要动力。在推动建立统一的国内大市场，进一步借助数字化转型打破区域间产品和要素流动的藩篱，加快相关产业兼并重组的内循环驱动中，企业必须扮演好释放国内潜在市场需求，双循环并举的重要职能。

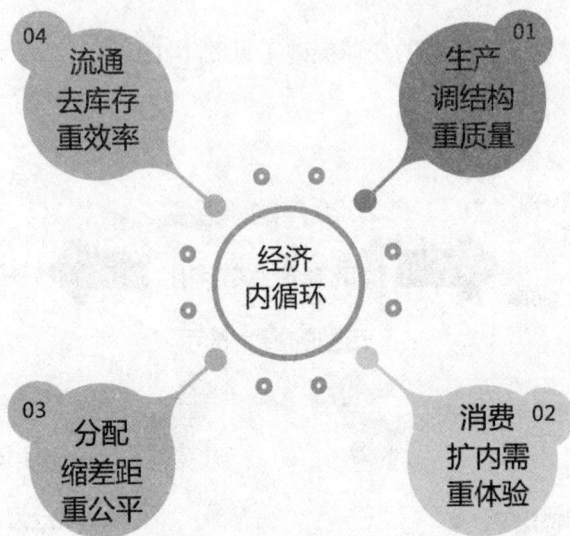

图 1-2 经济内循环的内涵

2. 消费升级与消费降级的并行不悖

目前，中国仍然处于一个消费升级的大潮当中（见图 1-3），人们对于个性化新颖有趣的品牌有着更高的需求，且消费升级的需求仍在持续。这就需要企业利用数字化数据和手段，抓准消费结构的变化趋势，掌握消费升级和消费降级、全面升级与局部降级背后的不同场景切换，给不同类型、诉求的消费者提供高出心理价值的产品和服务。

图 1-3 我国消费升级的趋势

3.线上和线下的加速融合

在 2020 年，短视频和直播开始成为营销的主旋律，在内容与带货的结合下，"流量获取"和"用户转化"成为企业新时期的市场护城河。随着用户被分散，时间碎片化，企业不得不深度整合各个营销通道，以线上和线下全渠道营销布局私域流量（见图 1-4）。随着在线办公成为趋势，企业也不得不对现有的组织文化、管理制度和流程做出适应性的精简和优化。这些突然涌入的大量流量，都对企业的产品能力、资源储备、应变能力、数字化能力有了全新的考验。

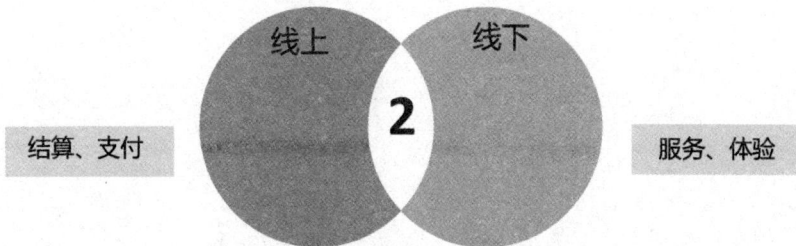

图 1-4 线上线下一体化

4. 创新和创业的不可分割

自 2014 年李克强总理提出"大众创业，万众创新"，意在引导全社会的奋斗积极性和创造活力，以创新驱动供给侧改革，更大限度地激发每个个体，特别是"草根"的创新、创业潜能潜质，但在作者长达四年的"双创"服务实践工作中，却发现大量的创业者只做到了"敢闯"，进入者"众"，并不会"创"，但在新产业、新模式、新业态的探索上却乏善可陈。创业的前提是创新，是奇思妙想，是独树一帜，是不拘一格，是有着显著差异，如果创业者没有颠覆式创新，没有找到数字经济时代的管理新范式、组织新格局，没有全新的商业模式和全新的价值链塑造，就很容易陷入同质化的竞争。

自救是需要的，自主创新也是需要的（见图 1–5）。2020 年是企业数字化转型的元年，也是本书应时而动的研究背景。

01 提出时间 —— 2012 年 11 月，十八大报告中

02 提及次数 —— 在国家领导人的公开讲话和文章中多次提

03 产生影响 —— 创新是引领发展的第一动力，在经济、文化、
人才、制度、建设等领域，都发挥着战略作用

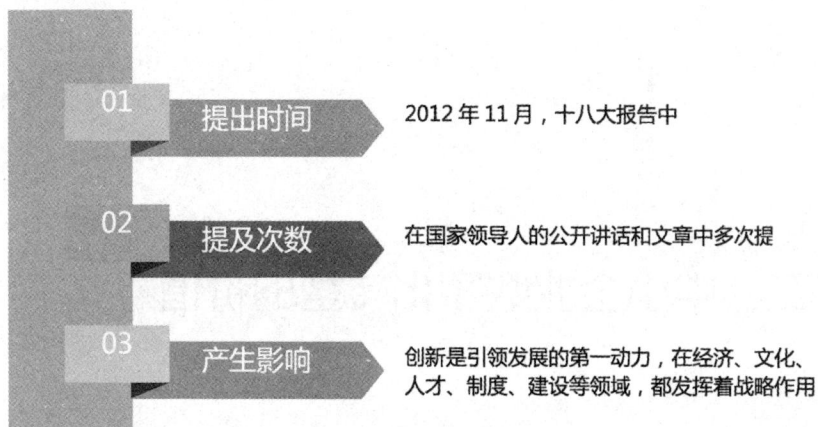

图 1-5　创新驱动发展战略

二、中小企业数字化转型的价值意义

当前，如何推动中小企业的持续创新发展，研究帮扶中小微企业渡过难关和转型发展成为政府最为关注的议题之一。国家发展改革委员会在 2020 年 5 月 12 日联合 145 家单位，在线上共同启动"数字化转型伙伴行动"，以多方力量的集结来支持中小微企业降低数字化转型成本，缩短其转型周期，提高其转型成功率。

据 IDG 研究报告：全球 1000 家大企业中 67% 已将数字化转型变成一个企业级的战略，我们也看到很多中国企业把数字化转型写入核心战略和关键策略。但遗憾的是，这些战略大都停留在形式化的表面和趋同化的跟随，具体表现为：企业建官网，上自动化办公，甚至花大价钱引入 ERP、CRM 之类的效率软件，以改善企业流程，但基于工业时代陈旧的模式并未得到根本性的改变。到了移动互联网时代，企业则将数字化转型等同于开微博、创公众号、利用各种新媒体来做宣传与推广营销。

1. 为中小企业找到数字经济时代的创新发展路径

2018 年，我国数字经济总体规模已经达到 31.3 万亿元。2019 年，数字工业经济主体实现工业增加值总体规模在最高峰期已经达到 35.8 万亿元，增长了 15.6%，占经济 GDP 的总体比重也在最高峰期达到 36.2%，数字经济毫无疑问成为我国经济增长的新引擎，是带动整体经济发展的重要核心力量。

我国数字经济发展规模已位居世界前列，但企业数字化转型比例仅有 25%，且转型的主力军也集中在大中型企业，中小企业再一次面临着如同十多年前电子商务时代的进退维谷困境。如何摆"脱转型找死，不转型等死"的两难困境，乘着数字化转型的政策东风，实现脱困和高质量发展，是创业者们当前亟待解决的突出问题。中小企业一方面受到资源、能力、环境不确定等诸多条件的约束，举步维艰；另一方面，它们拥有强烈的创新意识和企业家

导向，因为企业小，机动灵活，拥有更快速的验证创新想法的行动力。在中小企业和大型企业（央国企、外资企业、上市民营企业）的同台对决中，要想成功立足，获得一线生机，就要寻求路径创新，开辟出一条独特稳健的道路。

企业唯有创造价值才有存在的理由。中小企业如何做才能在数字经济下真正实现组织重塑，破除自身的结构性束缚，借助资源的优化与重组来使组织能够有效运作，实现与环境的适应，以解决中小企业小、散、弱的问题？提升数字化竞争力，是中小企业发展进程中必须思考和解决的问题，也是本文的重点，旨在为经济危机环境下的中小企业找到一个完整可循的数字化转型创新发展路径。

2. 为国家的产业引导和政策扶持确定经济实务的举措

2020 年 2 月 10 日，工信部印发的《关于应对新型冠状病毒肺炎疫情帮助中小企业复工复产共渡难关有关工作的通知》中明确表示，将继续采取措施全力维护和保障企业的有序复工复产。国家为了进一步支撑中小企业的发展制定了一系列扶持政策，实因中小企业发展状况关系到中国经济社会结构调整与发展方式转变，关系到促进就业与社会稳定，关系到科技创新与转型升级。遗憾的是，国家和地方的很多针对中小企业发展扶持政策出台后，仍然存在落地难、执行难的问题：一是脱离企业实际，门槛过高。二是财政扶持、金融扶持、公共服务扶持，终究解决不了企业的生存本质，即商业价值和商业效率问题。

本书将从科学分析角度识别企业数字化转型中的障碍点和风险点，重点关注转型过程中企业的经营战略和管理战术调整问题，为政府对中小企业的精准扶持和产业引导，提出切实的措施和有效的方案，以创新发展为驱动，全方位赋能，帮助传统企业数字化转型，进一步加强产业统筹协调，用经济、务实、落地的组织重塑之路让广大中小企业坚定信心，早日渡过难关。

3. 提出中小企业基于组织重塑的数字化转型路径

中国企业过去赖以生存的"低成本时代"已经彻底终结，企业要获得生存优势将不可逆转地进入商业模式、组织全面能力的竞争层面。通过商业模式的创新完成组织重塑是一门科学，也是一门

艺术。组织重塑是一个不断试错的过程，也是一次变革，属于事后证明型，最初的路径探索多具偶然性，涉及运营落地、流程改造、文化切换，甚至小到跨部门协同、日常工作里的各种制度推行。遗憾的是，创新、变革类项目的失败率高达75%，纵然路径一致，也很难期待结果的一致向好。此外，组织重塑关联到企业的总体规划、顶层设计、权力关系、激励机制，组织变革就相当于对业务经营模式和组织架构做出根本性的调整，换血切骨绝非易事！

值得庆幸的是，具有突破性的组织变革和颠覆性创新往往都是由新兴的中小企业发起的，借助中国庞大的市场规模，中国的中小企业完全有机会围绕核心能力，引领并推动组织创新之路。本书正是借助对贝壳找房数字化转型案例的研究，发现通过组织重塑，对资源、信任、数据、人才合理配置和优化组合，可以突破原来的中心化、科层制生产关系的桎梏，解除生产力发展瓶颈，让中小企业以较低成本、较低风险、较快速度摆脱数字化转型中"钱、人、信"的三大痛点，帮助中小企业快速、有效地实现规模化扩张，抢占先机并力拔头筹。

4. 补充对中小企业数字化转型案例研究的不足

未来将不会再有互联网企业，因为所有企业都会从技术层面和思维层面全面互联网化，联网是一家企业能存在的必要属性，但是否能从互联网化公司走向数字化公司，这一时代的考验让不同类型、不同规模的企业又站在了同一条起跑线上，中小企业在数字化转型中纵然各自有不同的决策驱动力、不同的要素考量，会采取差异化的具体策略，但都得面对"挣差价"的生意逻辑被彻底改变的现实，要面对厘清自身核心能力和价值定位的难题，通过学习借鉴成功样板，用榜样的引领，用模仿的功力，按部就班地完成转型和升级。

通过追踪一个具体案例的数字化转型的全过程，理清其转型变革的脉络，发现其如何开展产品服务、运营体系、组织形态、商业模式等在内的全方位重塑，如何以数字化思维更新传统管理模式，整合内外部资源，革新行业传统交易结构与连接方式，完成破坏性的效率革命，选用真切真实、当下当前、火爆火热的互联网科技上市公司新锐贝克找房作为实证案例，揭示中小企业完全可以抛砖引

玉，以小博大，从外部产业链融入为先导，破除企业边界，变成网络状组织，再到内部改造，促进内部各要素协同优化，为用户创造别具一格的体验，从而完成逆向升级。

三、数字化转型依托理论基础

这些年的数字化转型过多地专注于营销，尤其是 ToC 领域的营销数字化，使得大量的研究也受囿于此。从本质来说，企业数字化转型就是组织的一次彻底重塑。真正的数字化转型需要重新梳理业务逻辑与流程，而不仅仅是在现有的技术架构中添加更多的数字技术或者把业务线上化，组织变革是为了解决内部管理效率提升、客户需求与价值实现以及业务持续增长三大问题，这也是数字化转型的根本目的。随着数字化转型研究的颗粒度细化，由简单到复杂，由抽象到具体，但依然存在以下不足。

（1）数字化转型中忽略了组织重塑的必要性。随着企业内外部环境的改变，组织需要持续创新，企业家对此是有认知和共识的，企业必须重构商业模式，重新定义用户价值，但依然缺乏对组织结

构和组织文化等关于组织模式的价值认知和策略挖掘。企业成长之中最难窥门道的其实是"组织模式",有很多项目商业模式从逻辑上讲非常完美,流量很大、规模效益十足,但是最终失败在了组织落地成本过高。

(2)数字化转型研究中没有对中小企业的特殊关注,很多关于转型升级的案例都是大企业,要么是这些公司已经走下坡路,要么奉为经典的一些公司由于发展太快与多年前的商业模式呈现对照已面目全非,无法形成对中小企业的落地指导意义。也少有通过一个个案一以贯之的纵横切面研究、以实证方法来深度洞察数字化转型的路径。

为了更好地进行中小企业数字化转型的研究,既要紧密联系实际,从实际问题出发,更要依托企业变革管理相关理论,让理论结合实际做验证、做修正、做提炼、做呈现,以便做出详细的转型方法论传播指导。

1. 价值网络理论

价值网络的概念最先由大卫(David)等人提出。他们认为企业价值网络的形成:第一,采用了信息化供应链,到今天就是数字化供应链;第二,在某种程度上达成了高水平的顾客满意度,从而获得了高溢价；第三，打破了时间以及地理限制，通过专业化分工建立了新型的企业结构关系。价值网络是利益相关者之间彼此影响从而形成的价值生成、分配、转移、使用的关系及其结构，潜在地为企业提供获取信息、资源、市场、技术以及通过学习得到规模和范围经济的可能性，并帮助企业实现战略目标。数字化转型本身就是重构价值网络，在资源环境能源的刚性约束下，在智能化生产和数字化运营下，创新产品和服务。在新的价值网络下，客户积极参与产品设计等各个方面，员工也高度参与企业的创新变革和管理经营中来，帮助企业打造出一个新的商业价值网络。

2. 商业模式刚性理论

商业模式刚性理论由南京财经大学工商管理学院徐长闯于2013年在《商业模式的刚性特征及其超越》一文中提出，说的是商业模式维持现有结构稳定的一种自然内生属性，是任何在位企业都面临的路径依赖问题，一定程度的商业模式刚性是维持商业模式正常运行所必须付出的"代价"，链家光打造房源数据库这一件事上就做了12年，这样的刚性给了企业厚积薄发的力量。但更多刚性的代价是商业模式重构的阻碍，就如同组织刚性和惯性会对企业变革和核心能力的更新产生消极的影响。企业内部的权力的集中倾向是形成组

织刚性的最重要的因素。由于传统企业与互联网企业在商业模式刚

性上的差异，其表现的组织惯性（见图1-6）和惰性也不一样，再

加上企业内部的权力集中倾向有所差别，所以也就有不一样的刚性

管控和模式创新路径。

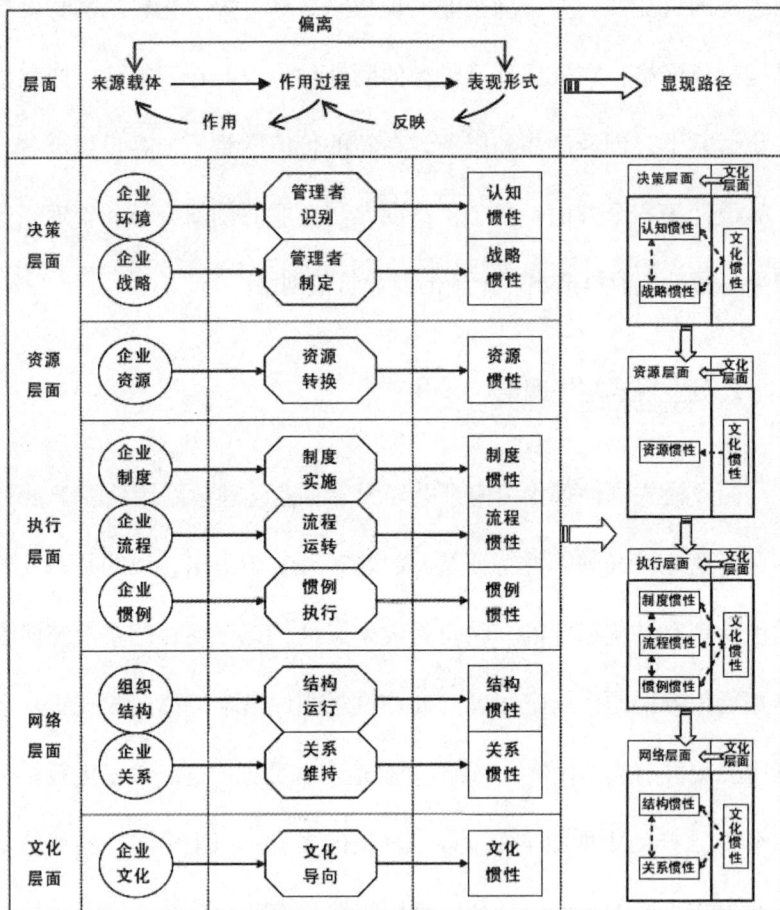

图 1-6 企业组织惯性
注：资料来源于《企业组织惯性的表现架构：来源、维度与显现路径》

3. 动态能力理论

动态能力由 20 世纪 80 年代梯斯（Teece）等人最初提出，动态能力就是改变的能力。他们把动态能力定义为公司整合、构建、重新配置内部和外部能力以应对快速变化环境的能力，是企业为了获得并保持竞争优势，进行创造性毁灭的能力。创造性毁灭，我们也可以称之为颠覆式创新或破坏式创新，意味着动态能力的获得需要企业创造和重构有关资源使用知识、组合资源的方式，企业要对这些资源和能力进行彻底完整地更新，以形成适应新时期的竞争能力。数字化转型的能力建设问题一直是分析机构、研究院、企业研究的重点，数字化转型要求落地、讲效果，组织就必须拥有与之匹配的能力，才能获得业务增长新动力。埃森哲认为，企业要想实现数字化转型必须具备两大核心能力："韧性"和"创新"。韧性指的是顽强的生命力，是抵御艰难困苦的生存能力。创新指的就是动态能力，是适者生存、涅槃重生的能力。

对数字化转型的定义内涵、角度认知不同，对转型升级所需的能力也会有不同的界定和要求（见表 1-1）。

表 1-1 数字化转型内涵定义及能力需求表现

企业／分析机构／研究院	数字化转型内涵	能力需求和能力表现
维基百科	建立在数字化转换、数字化升级（Digitalization）基础上，进一步触及公司核心业务，以新建一种商业模式为目标的高层次转型	商业模式重构能力
京东数科	在新一代数字科技支撑和引领下，以数据为关键要素，以价值释放为核心，以数据赋能为主线，对产业链上下游的全要素进行数字化升级、转型和再造的过程	产业数字化能力
红帽	一个使用数字化工具从根本上实现转变的过程，是指通过技术和文化变革来改进或替换现有的资源	文化变革能力
埃森哲	通过数字化应用提升运营效率	韧性和创新
麦肯锡	一种与客户互动的新方式，它代表了一种全新的经营方式	对客户关注的能力
IDC	利用数字技术（云计算、移动化、大数据/分析、社交和物联网），来驱动组织的商业模式创新和商业生态系统的重构的途径和方法	领导力转型、全方位体验转型、信息和数据转型、运营模式转型和工作资源转型
慧与	将数字技术集成到企业各个方面的过程	技术、文化、运营和价值交付能力
Gartner	利用数字技术改变商业模式，并提供创造收入和价值的新机会	技术与业务的对接能力
西门子	为了业务活动和流程采用数据和数字化解决方案。它让企业员工通过数字化工作流程充分提升技术投资的价值	流程重构能力
微软	端到端的流程数字化；流程发布的优化；以客户为中心；更高生产力；以现代云为中心的架构；数据和智能	客户需求理解能力

（续表）

企业／分析机构／研究院	数字化转型内涵	能力需求和能力表现
IBM	通过整合数字和物理要素，进行整体战略规划，实现业务模式转型，并为整个行业确定新的方向	洞察的决策力、智能的应变力、持续的创新力、永续的运营能力和敏捷的执行力
华为	通过新一代数字技术的深入运用，构建一个全感知、全连接、全场景、全智能的数字世界，进而优化再造物理世界的业务，对传统管理模式、业务模式、商业模式进行创新和重塑，实现业务成功	业务再造能力
阿里巴巴	一个从业务到数据、再让数据回到业务的过程	业务中台能力
戴尔	利用新一代信息技术，构建数据的采集、传输、存储、处理和反馈的闭环，打通不同层级与不同行业间的数据壁垒，提高行业整体的运行效率，构建全新的数字经济体系	破除壁垒能力

从以上 14 家机构对数字化及数字化转型内涵认知及配套能力要求来看：三分之一聚焦在业务流程、商业模式的重构能力上；三分之一聚焦在对客户需求的感知和文化变革能力上；三分之一则直接明确需要创新、应变能力。但殊途同归，大家都认定数字化转型是一个过程，是一个系统化的解决方案，是一个不管如何定义三项核心能力、六项关键能力，九项基本能力，都会指向以数字化技术为手段，这里面涉及技术与战略的对阵，技术与业务的对接，涉及技

术与文化的对话，技术与效率的对应，在这个过程中，需要的是组织综合性的能力，是企业根据内外部条件应时而动地随时调用所需能力的重塑自我能力。

4. 第二曲线理论

管理思想大师查尔斯·汉迪在阐述他的"第二曲线理论"时说道："当你知道你该走向何处时，你往往已经没有机会走了。"汉迪先生把从拐点开始的增长线称为"第二曲线"。任何一条增长曲线都会滑过抛物线的顶点（增长的极限），而要获得持续增长，秘密只有一个，就是在第一条曲线消失之前开始一条新的 S 曲线。在这时，时间、资源、动力都足以使新曲线度过它起初的探索、挣扎、摇摆、混沌。而一旦过了这个时期，企业就不可避免地滑向下坡道，无力回转。企业的一把手很少有远见和勇气在公司高歌猛进和意气风发的时候偏离已有的成功路径，投入充分的资源来培植一个短期内没有收益，前景不明朗的业务，这就是大多数中小企业生命周期很短的原因：错过了找到实现下一步增长的第二曲线，自然也就错过了在快车道上 10 倍增速发展的机会（见图 1-7）。

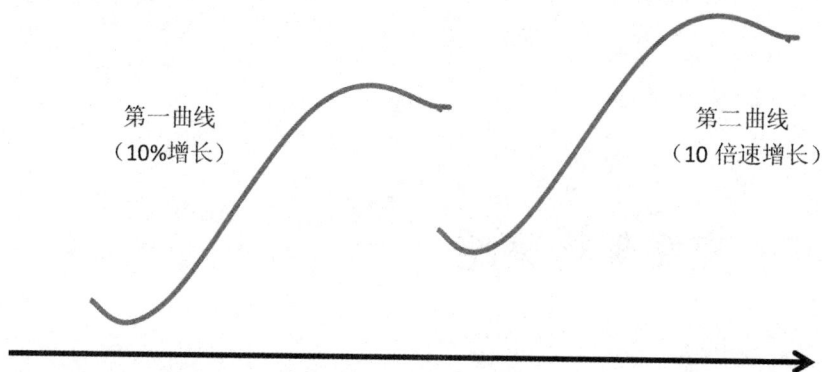

图 1-7 第二曲线理论

　　如果说房地产行业的第一曲线总体以规模扩张为主，寻求走量，那么，第二曲线则是以品质服务为主，谋求走心。链家就是抓住了行业变迁的机会，不断地进化和迭代，找到了更大、更长的生存空间和可持续发展的道路。

　　以上四大理论，支撑了本文对于贝壳找房案例的分析，让我们感知到贝壳突破自身路径依赖的不容易，一家企业的发展要先谋而后动，未战而先胜，要构建全面的价值防护网络体系，不能有重大商业关系的纰漏，以此才能破局重生。

四、文章架构策略

　　贝壳找房基于组织重塑的数字化转型路径，可以成为揭示中小企业快速发展的一个有力视角，也是具有可操作性的模仿样板。数字化转型不仅要解决由外向内的商业模式创新问题，遵循市场机会识别，顾客价值挖掘、营销主张创新、关键流程更新和重要资源整合的由外而内的路径，还要基于企业本有的生产要素、业务环节、组织能力的作用、关系、链接作出路径构建。通过本书，明晰数字化转型的策略目标，关键成功因素，以及组织必须具备的核心竞争力，以全面系统地指导中小企业数字化转型。

1.概念澄清

（1）组织重塑

　　组织重塑，是指企业从商业模式、组织结构、用工模式、激励机制到企业文化的根本性变革，是一种生产力到生产关系的全面重塑，通过组织的小型化、扁平化、敏捷化、数字化、智能化转型，重新唤起企业的活力、动力、合力，重启组织的内需驱动系统，以便于对外部环境有更强的自我调适、变化感知和响应能力。

（2）商业模式重构

商业模式重构，是组织重塑的一个核心组成部分和重要创新内容，而且它还是一种重创新。重创新指的是焦点企业和核心利益相关者所从事的活动、资源能力总集发生了本质性的变化，重创新改变的是生态系统整体的交易结构，是一种新的价值创造，是一个产业层面上的根本性调整，如果实现了，所带来的是整个产业的转型升级。焦点企业也可以借助这种重构，占据产业的制高点或者创建出一个全新的产业。

（3）组织模式再造

组织模式再造是企业改变企业内部层级式的组织结构。建立生态型组织，一方面，进行组织消肿，让组织精简化；另一方面，进行减少管理层级，让组织扁平化。传统的组织结构形如金字塔，它是组织不断分层的产物。随着数字化信息技术从沟通方式切入，寻找到突破口，使组织关系再调整，管理法重新发挥作用，从而可以

满足新经济下的顾客的个性化需求，并适应剧烈市场环境的变化。

2. 关键假设

（1）组织重塑 = 商业模式重构 + 组织模式再造

企业做业务，一方面，要考虑如何创造新的盈利模式，确定钱从哪里来，是卖产品，卖服务、卖文化、卖投资、还是卖标准？是卖给企业客户 B，还是卖给消费者 C？这是企业生存的起点，也是商业模式的核心；另一方面，企业不仅要着眼于现在，还要考虑企业成长和壮大后，怎么走得更好，走得更远，走得更稳。组织能力建设和文化建设决定了企业的未来，企业经营者一定更看重组织模式，"组织模式再造"的重要性丝毫不亚于"商业模式重构"。

（2）组织模式再造 = 商业模式重构

当传统企业迎来数字时代时，仍然有大量的企业仅仅把互联网、物联网看成是一种工具，它们没有意识到互联、物联给企业带来的最大冲击是要重新定义企业与人的关系，个人不再隶属于企业，而是充分网络化的个人。随着网络化战略的推进，必然会体现到数字化转型升级上，而数字化转型突出的标志就是能不能实现商业因果的调节效能，也就是解决好用户高价值与企业超利润的不匹配问题，这就必须让员工拥有创业者思维和市场意识，特别是资本意识。海尔创造性地发展出"创客所有制",很多企业纷纷启动内部的裂变式创业,贝壳找房也画出了一条惊人的组织创新曲线,这条线恰恰不是沿着传统管理的惯性去进行组织变革,而是以人的价值为主线,致力于更大的意图,产生因果调节效能,能够稳定地把企业在经营管理上的投入转化为超利(高额利润)。从这个层面来看,组织模式再造在范畴上等同于商业模式重构。笔者是做企业数字化转型服务的,在实践中,我们会把商业模式重构放在第一位,但后面一定会跟上组织模式,具体表现为渠道模式、招商模式、管理模式等一系列落地支撑策略,组织模式再造和商业模式重构在组织重塑中同样重要,唯有二者的并驾齐驱,才能确保企业能够顺利完成数字化转型。

3. 策略路线

(1)结构策略:案例对比法

本文主体结构主要采用的是案例对比分析法,通过链家和贝壳的对比(见表 1-2)来展开论述说明。案例对比分析法是管理学中的一种具有探索性研究的科学分析方法,是实验探索总结的一种新思维和新方法。借助方法与科学的交融、认识与实践的结合、感性认识与理性认识的结合、定性分析与定量分析的结合,促进理论构

建和创新的鲜明性和说服力。本书通过对传统房地产中介企业演化为一个现代互联网科技企业的对比性研究，聚焦于从工业时代到互联网时代、从互联网时代到数字经济时代的更迭切换下带给企业的剧烈变化、机遇挑战和深度影响，推动建立基于中国国情的数字化转型新理论和新范式。

表1-2　链家和贝壳找房发展定位对比图

	链家	贝壳找房
性质	传统房地产中介 / 品牌商	互联网信息科技公司 / 交易平台
发展路径	重资产（直营 + 收购）	轻资产（加盟 + 联盟）
核心能力	精准营销 + 科学运营	数字化技术 + 数据化能力
运营抓手	统一执行力	资源牵引力 + 合作协调力
运营载体	人	人 + 数字产品
运营特性	强管控	弱规则，强链接

本书同时采用实证分析和规范分析。既用实际的证明和数据进行论证分析，也用常规分析给以一定的数据进行归纳总结和分析，跳出对商业模式的相对静态研究，从商业模式的颠覆性创新角度对"重构"的概念本质进行明确后，根据数字时代背景和中国存量经济商业环境，基于个案，从战略规划的视角层层递进探寻企业如何利用关键资源能力，如何进行新的价值创造，实现数字化转型，解决

一个行业在变革时期的发展难题以及寻找可行出路。

（2）布局路线：黄金圈法则

本书采用黄金圈法则作为分析模型和技术路线（见图1-8），第一步，思考why（为什么），明确数字时代商业模式和组织模式进化的必要性，从中把握企业数字化转型的必然性选择和企业家信念；第二步，是寻找How（怎么做），梳理以贝壳找房为例的企业数字化转型中的商业模式重塑和组织模式再造的一些具体方法、策略、途径，为企业家树立样板，以便于可以作出正确的举动；第三步，指出What（做什么），要以低成本完成数字化转型，可以采取的特定的适用性路径，对实际会产生的相关投入和基础条件做到心里有数，同时也对实施商业模式重构和组织模式再造具体会达成的转型效应有具体的方案。

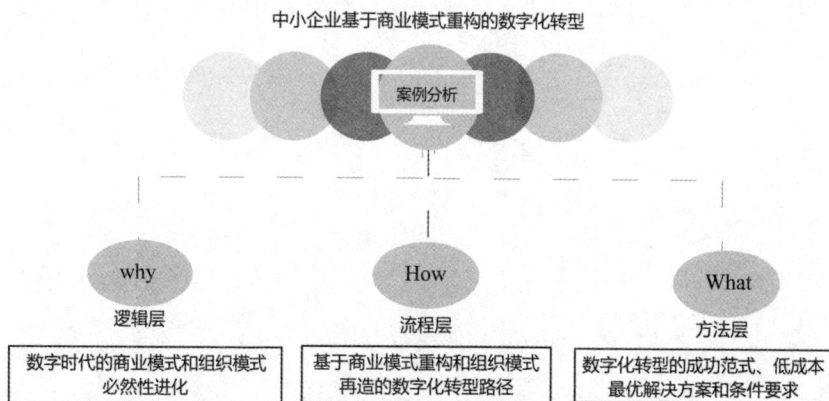

中小企业基于商业模式重构的数字化转型

案例分析

why	How	What
逻辑层	流程层	方法层
数字时代的商业模式和组织模式必然性进化	基于商业模式重构和组织模式再造的数字化转型路径	数字化转型的成功范式、低成本最优解决方案和条件要求

图1-8 技术路线

第二章

数字化转型中的商业模式重构

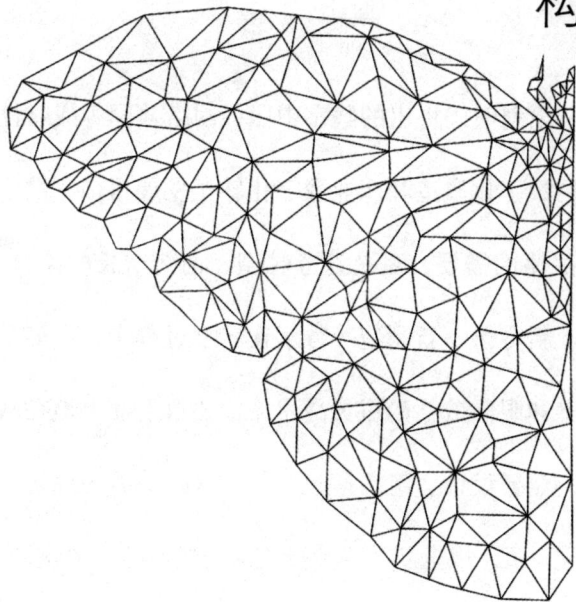

一、商业模式重构的内外条件

国家"十三五"规划明确提出的数字中国、网络强国等战略性概念已落实为企业的数字化改造和产业数字化转型发展目标。数字化转型不仅是企业战略的需要，更是业务转型、创新增长的需要。传统企业向新商业、新零售、新制造等数字化转型过程中，不能只追求使用数字化技术和眼前效益的机灵战术，而要自上而下地在战略思维、用户认知、业务设计、组织搭建、服务保障等方面综合运用数字化时代的商业逻辑，以全新的商业模式来完成对业务的重构、流程的重构以及组织的重构，实现数字化根深蒂固于企业每个利益相关者和每条业务链环节（见图2-1）。

移动互联正在成为过去，物联网和人工智能时代已经开启，物质世界和虚拟世界的融合将会越来越快，数字化已经融入每一个个体的生活方式中，并且改变着信息获取和消费方式。商业开始摆脱对物理空间的依赖，完全进入彻底的虚拟数字运营状态。

张瑞敏先生总结物联网的本质就是三个"无"：无界、无价、无序。无界，是没有边界，企业不再受限于有形框架；无价，是没有价钱，企业很多边际成本曲线趋向于零；无序，是没有过去的线性管理，企业在混沌中发展创新。网络化、数字化、智能化的叠加交融发展，将全世界塑造成无缝连接、即时互动、分布共享的信息共同体，权利的主张被数字化所解构，权利的边界也日渐模糊。

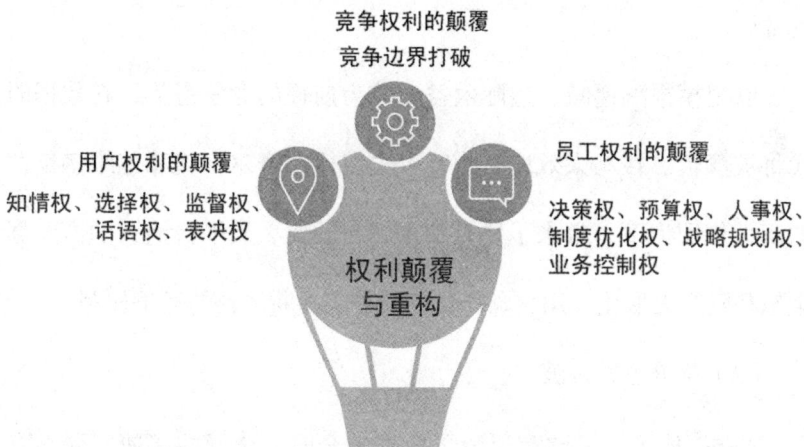

图 2-1 商业模式重构的条件

1. 竞争权利的颠覆式革新

数字经济的快速发展，呈现出众多不同于工业经济运行的变革性特征，使传统的竞争框架面临着前所未有的挑战。

（1）边际效益递增

工业时代，一般要素会折旧且规模报酬递减，越用越少；而数字时代，数据要素不会折旧，因边际成本为零的特性，反而是越用越多，越用越好。比如，人工智能就是使用的人越多、数据越丰富，智能化水平就越高。又比如，使用同一个社交软件的人数越多，这个社交软件的价值就越大。诸如此类的新技术超越了边际成本递增的常识。

以规模报酬递减、边际效益递减为前提的竞争态势，在数据时代将被颠覆。在马太效应、梅特卡夫定律、摩尔定律和达维多定律的四大作用力下，带来了要么加入平台，要么被平台消灭的商业新生态和资产无形化、用户资产化以及数字垄断的新的竞争权利。

（2）竞争边界打破

当5G技术，云储存保障了数据的全时、全域的高速互联与互通，企业生存的时空边界将被打破。平台经济突破传统企业边界，跨越地理限制，实现24小时全球交易和线上线下联动。企业中越来越多的业务演变成数字化业务，数字化对于业务渠道、竞争格局、用户体验等都发生了巨大的冲击，使得异业竞争主体多元化，产业边界模糊化，跨界渗透加剧化，创新融合高频化，企业的竞争格局和权力彻底被颠覆。

如果说以往交易一般以所有权转移为前提，而数字时代商品和服务的所有权在交易中的主导性减弱，不求所有，但求所用，注重连接。比如，共享经济正在快速发展，共享汽车、共享住房等越来越普遍。企业对于资产的获取、持有方式，资产价值的界定与评估、对权益收益的确定，都成为一种新的竞争力量。

2.用户权利的颠覆式跃升

同传统经济模式不同，数字经济时代的企业竞争集中体现为对用户规模和用户时长的竞争。根据第三方咨询机构 QuestMobile 发布的数据显示：中国移动互联网月度活跃用户在 2019 年全年仅增长了 200 万，人均单日时长仅增加了 18 分钟，但这两项数据的基数已经分别达到 11 亿和 6 个小时。因此，我们必须要正视一个现实，互联网时代人口红利和时长红利的高速增长时期已成为过去，对于用户和时长存量的竞争将会是数字竞争下一步的常态模式。

用户和用户时间成为企业经营的出发点，物联网和数字化赋能了用户，培育了用户的知情权、选择权、话语权、表决权、监管权等一系列消费主权。用户即场景，中国的人口红利和场景的丰富给新物种演化提供了绝佳的土壤和旺盛的用户需求，城市生活的 LBS 服务，互联网结构的分层性，也为新商业模式探索给出了足够的时间窗口期。因此，企业的数字化转型要从用户权利的跃升上重建关系，要借助用户意志本身的觉醒和认知效率革命，但要重建企业经营者的整个思维和整个秩序。在数据时代，消费者的个性化需求被及时响应，那么生产与消费将趋于同步，供给侧与需求侧边界变得模糊，随着用户的权利越多，接口就越多元化，接入就越多样化，链接就越复杂和深刻，与用户的零距离、零库存就越有可能实现。

3. 员工权利的颠覆式增长

数据时代，信息不再垄断专有，连接性的变革使每个员工都成为重要的节点，员工可能成为无数个自组织或正式组织的一员。数据时代，个人即组织，组织即个人，组织和个体的边界被打破，传统的雇佣关系被颠覆，即时通信让对个体的直接管理变成可能而且更高效。比如，通过手机移动轨迹追踪密切接触者，通过各个企业智能电表监测复工复产进度，比通过传统的基于组织的信息加总和间接管理更为有效。

如果一个企业只能取得绩效，不能驾驭不确定性，那么这个企业一定会被淘汰。能够应对不断变化的外部环境的组织，强调的是全员的自我驱动和自我变革的权利，人人都是 CEO，决策权、预算权、人事权的拥有，制度优化权、战略规划权、业务控制权的被授予，让员工的潜能得到释放，也让个体跨越组织的边界来进行协同、分享、外包、孵化、投资，不再受雇佣关系的束缚，组织和个人相互赋能，共同成长，提升合作效率，更快速创造出对组织和个体都有价值的新事物和新体验。

正是由于企业、用户、员工的权利的变化，让商业模式在数字化转型中尤为重要。我们必须承认，在当今时代，仅有好的产品已经无法撼动行业的格局了，几乎所有对旧有格局的颠覆都需要在商业模式上作出创新，并且是颠覆式创新。每年的经济热点，每次的以弱胜强、每匹黑马的诞生，无一例外都是商业模式重度创新，即重构的结果，哪怕是拥有颠覆性的产品，也必须配上颠覆性的商业模式，才有可能取胜。

二、商业模式重构中的数字化转型形态

数字化时代对组织的最大影响就是对商业模式的颠覆。在数字化技术和共创文化的驱动下，注重个性体验、多向互动、平台参与、生态搭建，让产品和服务变得更简单、更便捷、更便宜，实现企业整体价值的颠覆，通过清晰透明接口的交互连接、多方关联群体的共同创造、数据算法的智能驱动和多边网络效应的协同发展来实现企业的数字化迭代升级。

1. 流量思维下的免费模式

QQ、微信、360、国美、苏宁、淘宝，各巨头都是利用免费模式快速起家的。在创业的过程中，公司的经营需要具备流量价值导向思维，按照流量来估值是互联网上半场的游戏规则。具备了流量，才拥有把流量转变为上线用户、活跃用户、付费用户的基础。具备了流量思维，才能从经营上关注用户的体验和重视用户服务，以吸引更多的流量导入企业中，以寻求更好的、更多的流量有效转化。而免费正是获得流量行之有效的不二法宝。

免费模式不是不要钱，而是延长利润链，在顾客看不到的地方赚钱。其成功的关键在于：第一，让客户建立起对产品或服务的使用依赖，从而不得不长期持续使用本产品与服务，简而言之，就是让客户"上瘾"，黏住客户；第二，进行各类有效产品和服务资源的整合，形成"混业模式"，让用户在其他地方产生消费而进行盈利，让企业的盈利点多元化，从而对客户价值实现最大程度的开发与利用。免费模式威力巨大，特别是在企业开办初期的营销中通常使用免费模式借力使力，可以快速破坏行业内的盈利结构，轻松获得海量客户，是企业进行破坏性创新的关键路径。

在《免费：商业的未来》这本书中，克里斯·安德森认为，新型的"免费"并不是一种"左口袋出、右口袋进"的营销策略，而是一种把货物和服务的成本压低到零的新型卓越能力。如果说20世纪"免费"是一种强有力的推销手段，那在数字时代它已经成为一种全新的经营模式。

2. 存量经济下的共享模式

全球经济增长放缓，贸易保护主义盛行，人口红利见顶，各经济体货币政策分化以及金融市场波动加剧，为经济带来了很多的不确定性，也使传统领域、传统行业的增量空间明显缩小，企业的增长迎来了存量竞争时代。企业开始将注意力更多地投入既有的存量市场上，开启数据要素禀赋和竞争优势的发现和再造，并围绕用户量、用户时长以及数据流量等要素与行业在位企业展开激烈的竞争。通过创新商业模式、优化用户体验等方式，增强用户黏性，也积极通过自身在存量市场的用户和流量优势，布局开发增量市场。

共享模式依托的是存量资产，所以具有去库存、去中心化的特点。不是所有的企业都适合用共享模式，"真"的共享是在存量市场中提高已有资产的利用率，利用社会的闲置资源，降低交易边际成本。共享单车最终的一地鸡毛是因为那不是"真"共享，共享的实质是基于"既有""已然""现存"的平台化调度，精准匹配资金、技术、信息、人才等各类资源要素的供给和需求，降低信息不对称，提升社会效率。

3.用户视角下的会员模式

消费者主权时代，商业的逻辑不再是经营产品，而是经营用户关系，所谓"用户视角"，其实就是要站在用户的立场上去思考问题，从用户真正的需求出发，从产品到价格、渠道、推广，从服务到管理都以用户为本，通过用户数据和用户场景，还原用户使用场景而不是产品目标或产品需求本身（见图2-2）。

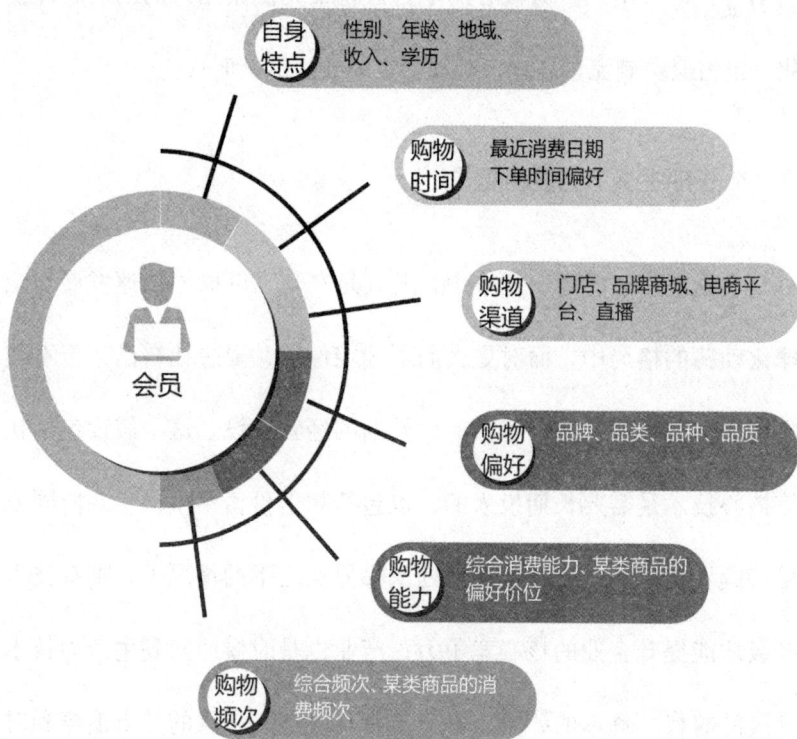

自身特点	性别、年龄、地域、收入、学历
购物时间	最近消费日期 下单时间偏好
购物渠道	门店、品牌商城、电商平台、直播
购物偏好	品牌、品类、品种、品质
购物能力	综合消费能力、某类商品的偏好价位
购物频次	综合频次、某类商品的消费频次

图2-2　会员属性和标签

　　为了获得具有社交裂变能力的种子用户、铁杆用户、超级用户，企业强化与受众的联系，通过会员制形成稳定的企业—用户连接，建立基于体验和场景的会员社区，扩大和增加用户的线上线下参与。互联网已经走入下半场，流量红利见顶，而付费会员制的竞赛才刚刚开始，像"得到""混沌大学""喜马拉雅""樊登读书会"等知识付费平台的兴盛就是典型代表。面对消费意识增强、需求质量提高的用户，以"用户"为核心的平台必将最先洞察用户的消费心理变化、抢占会员制流量高地，推动会员制模式的新时代。

4.长期主义下的复利模式

　　企业在快速的商业竞争中，尤其是在现在互联网快速发展与全球化动荡的格局中，面对更大的不确定性时，要想让自己立于不败之地，就必须明确一个基本的、长期的经营假设。这个假设包括相信核心技术是需要长期投入的，也包括相信价值共生，生态协同方可持续。在目前投资收益长期处于临界点之下的情况下，唯有技术升级才能提升企业的核心竞争力，产业也是时候回归到生产力技术升级的时代。资本的认可，不一定是某些空穴来风的热点追捧和时机运气，但一定是某些坚持的回馈（见图 2-3）。

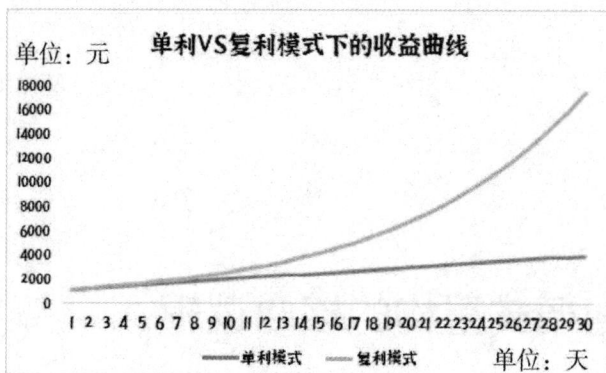

图 2-3　单利模式和复利模式的收益对比

三、商业模式重构的核心逻辑

1. 商业模式重构内涵

商业的本质，是交易。商业模式的本质，就是利益相关者的交易结构。随着物联网让更多的物品被接入网络，交易结构发生了巨大的变革，连接的节点越多，交易结构的变化就越大。技术进步导致了交易成本的变化，又使得重新构建不同交易结构的可行性空间变得更大了。

商业模式的变化有两种：演化和重构（见图 2-4）。

图 2-4 两种商业模式创新的方式

演化，即缓慢地变化，今天多出一个利益相关者，明天又派生出一个来，是对交易方式进行微调的过程；而重构是实现商业模式的升级，是要从企业的血液、基因开始变革，再造基因，通常会让企业在某个很短的时间内发生一系列的剧烈变化。商业模式重构是企业更为彻底的转型，其重要性远远凌驾于其他转型之上。

数字时代，因为企业生存的大环境发生了根本性改变，和生物一样，会面临物种的适者生存的巨大挑战，企业的发展也有生命周期。不同的是，在一定发展阶段，企业可以通过重构商业模式、变革交易结构返老还童，摆脱生物体必将老死或因环境突变灭种的宿命。如果企业能抓住商业模式重构的每一次契机，就有可能实现真正的"长生不老"。

2.商业模式重构的优劣标准

商业模式的好坏，可以用交易价值、交易成本、交易风险这三把尺去评判，商业模式效率的高低，决定了这个模式是否会取得成功。优秀的商业模式重构都是从高固定成本结构朝着高变动成本结构转移，也就是让交易成本降低（见图2-5）。

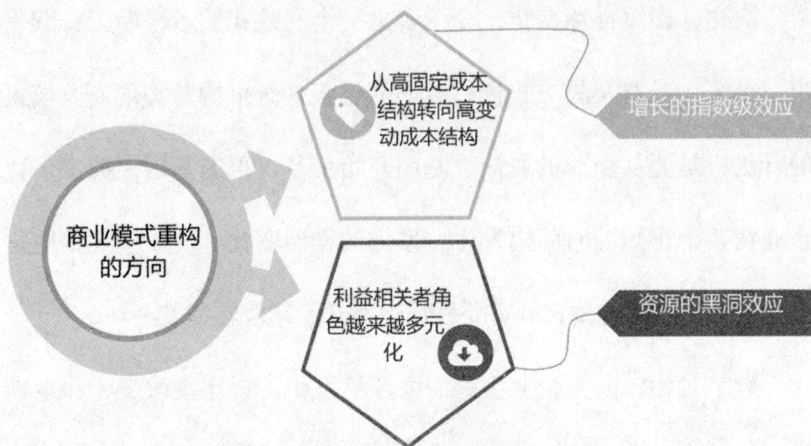

图 2-5 商业模式重构的有效标准

面向万物互联的数字世界和智能世界的好的商业模式可以成就企业的指数级增长，企业和个体坚定定位于做黏合剂，通过共享利益团结一切可以团结的力量，这样的数字化转型在企业的全面实践和行业的共同实践中，才会让业务实现指数级增长，"平台＋生态"的商业模式构建，不与合作伙伴争利，长期坚持开放、合作、共赢，共享利益，让企业不只是做大自己的份额，而是要做大产业、做大市场。

3.商业模式重构的核心逻辑

互联网文明让企业可以通过关系网络、专业分工、生态协作实现对人的需求满足的最大化和人的价值实现的最大化，商业模式重构的关键从过去的以产品为核心转向以人为核心，围绕物的经营，企业只能赚商品差价和渠道差价，围绕人的经营，企业能赚的是品牌的钱、资源的钱、资产的钱、数据的钱、系统的钱，金融的钱、可以赚看不见的钱。数字化转型赋予了消费者和员工行动的力量，让人成为商业世界唯一的中心，而非资本，这是一场回归，回归到以人为本的商业本质。因此，商业模式的重构就必须围绕着所有企业最核心的两大战略选择：第一，服务什么样的人群；第二，和什么样的人群合作。

（1）重构"服务谁"

"服务谁"涉及商业模式的客户定位、价值主张、分销渠道、客户关系、收入来源这几大要素，从工业时代到数字时代，"服务谁"的问题随着对"人是目的，而非手段"的觉醒，在企业真正地以客户为上帝的践行中不断精细，不断颗粒度最小化，从把产品卖给所有人到把产品卖给一群人，再到围绕着一群特定的人，来解决他们所需要的所有产品。企业未来的商业模式不再是通过一个物来解决我有而别人没有的问题，而是用消费者的视角来完成以人的活动场景为依托，以人的社交关系为纽带的所有物的精准匹配问题（见表2-1）。

表 2-1 工业时代和数字时代的服务对比

对比要素	工业时代	数字时代
客户定位	定位宽，追求数量的多少	定位窄，追求黏性的深浅
价值主张	多、快、好、省的广泛价值	情感、个性化的独特价值
分销渠道	广而告之大传播	社群自传播
客户关系	一次性交易关系	终身交互关系
收入来源	产品服务差价	上下游生态收入

"服务谁"

随着中美贸易摩擦产生的某些技术必须国产化的时间窗口，传统企业如果能通过技术创新，特别是技术颠覆式创新，就能实现巨大的价格势差，将红利让给消费者，形成让普通人也能用得上、用得起的高品质价值定位。比方说，笔者做咨询的一家种植牙生产企业，九年临床，在材料、工艺上完全自主创新，平民化低价，后发优势明显。种植牙可以说是目前来说最好的缺牙修复方式，但因为种植牙系统一般需要从国外进口，因此就产生了比较高的成本，所以价格也会比较高。只要谈到种植牙，很多人都是"谈牙色变"，一颗牙就要上万元，普通老百姓是种不起的。这家企业将种植牙价格平民化，随着牙齿进入口腔健康和美容性需求的消费升级行列，种植牙开始进入大众消费领域，从小众市场变为大众市场。围绕着用户的口腔健康与美容需求，社区化落地，为会员建立口腔健康的管理档案，建立持久的服务关系。从切入非主流客户到回归主流客户，从专注细分窄客户到服务大众泛客户，从争取用户规模到追求用户时长和贡献值，这是中小企业在各种资源不足的先决条件下，智慧而理性的路径选择。

（2）重构"合作谁"

在商业模式画布的九大要素中，其中一个重要的是合作伙伴。全球化生存法则之一就是要适应竞合关系，跨越企业边界，在竞争者之间联盟合作，将体力外包，将脑力外协成为企业降本增效的重要选择，所以过去商业模式中的"合作伙伴"要素就不仅是指与企业对等的业务合作伙伴，不限于商业模式有效运作所需的供应商网络，而是包括了创业合伙人。

核心合作伙伴的优化选择，可以缩短运营线路，抱团取暖，分担风险，获得定向支持。从物到人，这是商业模式重构的核心逻辑，产品的好坏只是基础，思考服务的是什么人群，"以人为本""用户导向"的普遍看法已经在商界达成共识，作为时代的企业家，一定

要理清时代的特点，数字时代的商业模式是构建在人的身上的（见图 2-6）。

图 2-6 商业模式重构中的数字化转型形态

数字化技术已经成为一种新人和新社会的象征，也是新组织的构建材料，基于数字化所遵循的自由、共享、平等原则重构的商业模式，才能生发人的能量，让价值重新选择、重新匹配、重新组合、重新释放。数字化转型的本质是降本增效，通过数字技术精准共享、众包，整合产业链和提高资源配置效率，解决消费者体验的迭代问题。不论是产品和服务的提供者，还是接受者，人始终都是焦点。只有基于人的商业模式的重构和企业改革，才能真正推动降本增效进入"价值数据化"时代，也只有关注人的生活质量，以国泰民安为己任的商业模式才能经得起政策更迭的考验。

四、贝壳找房的商业模式重构

贝壳的成功上市，判断了数字时代最大的特点是生态化，认可了创新与服务是企业最主要的变革力。贝壳的发展，一直遭受着行业的质疑，左口袋到右口袋，裁判员做运动员，垄断与压榨营销通道，这些否定的声音从未停止过，但却不妨碍大的中介品牌，如21世纪房产、小的中介公司前赴后继地与之合作。贝壳找房利用数字技术的零边际成本的无限供给能力，将用户体验放在第一位，赋能经纪人，打破竞争边界，共享客户资源和行业经验，其数字化的经营理念、产品定价、盈利模式、增长路径让它在持续付出的同时有机会在某一个时点获得效益倍增的可能性。

1. 贝壳找房的商业模式选择与表现

（1）贝壳的免费与共享

链家的公益事业于 2006 年起航，在过去的十多年里，链家以"链更多爱，暖更多家"为核心理念，在精准扶贫与社区便民两个大方向持续发力。一直以来，链家门店既是房产交易的场所，又是社区的"好邻居"。链家在上海的近千家门店都为居民提供便民服务，其中包括打字复印、应急雨具、市内电话、便民饮水、应急电话传真、代缴水电煤气费等，通过整体升级门店，进一步强化链家门店作为城市补给站和社区服务站的功能，在更大的范围和程度上为居民提供便民服务和社区公益，让链家门店成为当之无愧的城市基础设施和自然流量入口。这些力所能及的微小服务，给居民解了燃眉之急，提供了便利，让链家品牌润物细无声地进入社区。通过这些高频互动，使得经纪人能够与住房客户建立起信任联系，让家庭对链家产生信任，甚至很多房东直接把钥匙放在了链家。这不仅能产生更真实有效的住房交易需求，也为贝壳平台提供与住房相关的服务带来方便，如住房装修、房地产金融服务和社区服务。

贝壳找房以共享真实房源信息与链家管理模式为号召，吸引经纪人与经纪公司入驻，利用的正是房地产巨大的存量红利，在这一片还没有被互联网深刻改变的领域，通过数字化，在原有的结构和生产力上插上数据（楼盘字典等）、AI、VR、IOT 等这些更系统、更标准及智能的技术要素，完成对居住领域流程、标准、体验的改进，令未来的居住体

图 2-7　贝壳找房社区守护计划海报

验产生根本性变革，巩固了其母体公司链家在存量市场的竞争优势。继推出 4.0 经纪人理念之后，上海链家店面设计也完成了迭代，减少了工位，在休闲区增加经纪人共享办公区域，增加强弱电点位，打破传统办公方式，让经纪人迈向流动办公和移动办公的新时尚工作方式。软硬双管齐下的共享，让链家和贝壳找房都变得更匠心、更专业、更温馨（见图 2-7、图 2-8）。

图 2-8　链家 4.0 店面

　　贝壳找房针对行业痛点变革了商业模式，打造了一个跨中介品牌资源的共享平台，实现对资源匮乏的小中介、经纪人个体对房源信息的充分共享，更重要的是经验的共享，共享链家经过中介行业13 年的"摸爬滚打"，所形成的对中小型中介发展中碰到的实际问题的深度理解和行之有效的一整套完整的管理理论及解决方法。贝壳找房先后与 21 世纪不动产、房房网的战略合作，都是基于打开资源和数据以及技术上的共享。房产交易环节更多的是存量客户，随

着城市的生长距离的延长，这就需要靠近 C 端的中介渠道或经纪人
将客户带到现场来，成就平台的快速崛起。同时，平台开放资源，
以内外兼修的立体化赋能共享，完成高体验对低体验、高效对低效
的替代过程，提高中介服务的性价比，增加个性化的消费体验，推
动行业的正循环发展（见图 2-9）。

图 2-9　贝壳牵手 21 世纪不动产（宣传海报）

（2）贝壳的裂变与坚守

贝壳找房模仿的是美国房地产中介 MLS 系统（Multiple Listing Service,
多重上市服务系统）。MLS 以会员联盟的形式，将不同房地产经纪公司
纳入一个加盟体系，体系中的成员共享房源和求购信息，共同帮助寻找

买者或者卖者，从而实现交易。贝壳找房，用码上有客，以微信小程序高效连接客源；用签单小诸葛，智能预测客户问题；用如视 Lite，低成本、易操作的轻量化 VR 采集；用贝刻智能硬件，以科技雕刻业务流程细节，如 2020 星光品牌计划，打造万人亿元品牌、花桥学堂、店东职业化进程提速等一系列"新经纪服务加速器"产品，在经纪人和经纪公司会员中构建信任感、社区感和归属感，通过良好的口碑产生杠杆效应，在行业内形成巨大裂变，让忠诚的会员成为平台病毒式增长的引擎。

链家有自己的高端事业部，为高净值俱乐部会员客户定制房产解决方案，深耕京城豪宅市场。贝壳平台在经纪人和客户两端都做了会员制的参考设计，经纪人享受的是会员制的房源信息共享服务，客户分期要开通会员制才能贷款。会员制业态本质上是更深层次挖掘用户的需求，这种用户需求基于大数据的分析手段和方法，比用户自己还要了解自身的喜好，并为会员提供更有针对性的产品或解决方案。互联网已经走进下半场，流量红利见顶，而付费会员制的竞赛才刚刚开始。面对消费意识增强、需求质量提高的用户，以"用户"为核心的平台必将最先洞察用户的消费心理变化、抢占会员制流量高地，推动会员制模式的新时代。

从链家到贝壳找房，其始终不变的是持续聚焦于服务者本身，探究如何全面提速其职业化进程，加码服务能力，不断以组合型产

品矩阵为经纪人立体赋能。随着互联网技术进步，能被机器、人工替代的服务者会变得越来越没有价值，但同时，房产中介这个重服务行业的服务者会变得越来越有价值。互联网让这个行业变得非常有价值，而且服务者的差异会越来越大。如果不能坚持长期主义，可能就很难承担十几年在技术上的投入，转而追求利润与效益。也无法在利他性、战略性亏损体系下，快速抢占市场，用规模替代利润作为绩效关键切入点，实现每年300%的增长，跨越线性增长的局限，进入指数增长的良性发展模型（见图2-10）。

图2-10　贝壳找房经纪人考试海报

贝壳平台的长期主义意味着持续而不中断，拥有做"难而正确"之事的战略定力。2010年，"链家在线"正式上线，就开始建设"楼盘字典"，推动房源信息数字化、标准化。当时，多数人看不懂，连创始人左晖也难以判断何时才能产生价值，但他依然提出要"不计成本投入"开发。正是长期主义的笃定，让贝壳找房覆盖了中国322个城市，以2.26亿记录在库的真实房源信息，成为国内数据量最大、覆盖面最广、维度最全面的房屋信息数据库"楼盘字典"。禁得住诱惑，才能享受时间的复利，贝壳平台以短短三年时间达成上市，是厚积薄发的复利结果，是倡导出的产业合伙人，一起打造出经纪人生态圈，用彼此的价值增益来实现共生共荣的结果。

2. 贝壳找房的新价值网络

贝壳由链家升级而来，从线下模式向线上模式转型，从门店相对重资产向信息化轻资产升级，它从最成功的垂直自营战场上拔营，从独狼模式切换至平台模式，贝壳平台在商业模式重构后得到了更多的合作伙伴和交易空间，重构为 to（B + C）的贝壳找房，成为行业的"颠覆者"并最终胜出。

　　和生物一样，企业的发展也有生命周期。然而，不同的是，在一定发展阶段，企业可以通过重构商业模式、变革交易结构返老还童，摆脱生物体必将老死的宿命。如果企业能抓住商业模式重构的每次契机，就有可能实现真正的"长生不老"。在链家内部，一直用沙盘推演，链家如何干掉链家，生命的成长涅槃必须有自我否定的勇气，链家2018年推出贝壳找房，意图搭建数字化基础设施重构行业，这个从品牌商到平台服务商的战略性举措，最终让链家和贝壳找房两个生命体各得其所，各安其分，相得益彰，相辅相成。

　　贝壳平台将传统的房产中介人员的固定工资成本变成交易达成后的各个业务环节贡献的变动分润，将自营门店变为加盟门店，从重模式变为轻模式。另一方面，贝壳通过重构商业模式，以更好的连接，更完整的服务，更高的交易效率，连接更多的外部利益相关者，服务更多的经纪公司，更多的客户，更多的房地产商。当交易成本降低和交易价值提升这两点实现后，交易风险也将因在更多的角色中承担和被以技术为驱动，以数据为核心的透明流程、合理分担中而可控、可防。

　　截至2020年6月30日，贝壳平台上有超过42000家经纪门店和456 000名代理商，而截至2019年同期，这两个数字分别是

24 000 家和 250 000 名，几近翻倍。从平台交易额来看，存量房交易 GTV 从 2018 年的 8 219 亿元提升为 2019 年的 12 974 亿元，新房交易 GTV 从 2018 年的 2 808 亿元提升到 2019 年的 7 476 亿元，存量房和新房 GTV 大幅增长为其创造了丰厚的收入，基于房子规模的 ACN 模式的规模效应才能呈指数级增长。

贝壳找房指数级增长背后是因为商业模式重构后，能形成对优质资源的黑洞效应式的吸附力。原来的链家，本质上还是一家劳动密集型企业，抗风险能力极弱，而贝壳找房靠 TOB 的轻资产模式，重构了估值模型，用加盟、联盟体系众筹出了一个平台，集众人之力，当贝壳借力发展达到一定规模后，会像一个黑洞一样产生非常强的吞噬和自我复制能力，把它势力所及的大量资源吸引过去，而这些资源会使企业更加强大，形成一个正向加速循环的漩涡。如果没有贝壳找房一统行业的全新商业架构，就没有 100 多个房产经纪品牌的资源被吸附，就没有"最坚定的战友"（投资人）的鼎力跟随，就无法在更大程度上利用像腾讯这样的战略投资方的业务和流量服务资源（见图 2–11）。

图 2-11 贝壳找房模式 VS 链家模式

3. 贝壳找房商业模式重构背后的核心逻辑

贝壳找房掀起的革命，是一场人的革命，让 100 万经纪人进入了新纪元，通过构建全流程培养体系，帮助经纪人成才、成长，提升职业化水平，完成职业转型，从简单的交易撮合型的销售角色转向高专业附加值的顾问角色，最终提高行业服务品质。链家推出"门店合伙人"制度，是为了人才培养和带动门店业绩，而成为合伙人也需要达到较高的条件，在业绩考核中成为前 25%~35% 的商圈经理和门店经理，才有机会通过竞聘成为合伙人。竞聘成功后，合伙人不仅可以分享门店的经营权，同时，还可以根据每年门店的业绩及年度收益份额来获得利润分成。围绕着合伙人的运营机制，不仅可以让企业减负，还能让企业始终保持着创业的激情和活力（见图

2–12）。

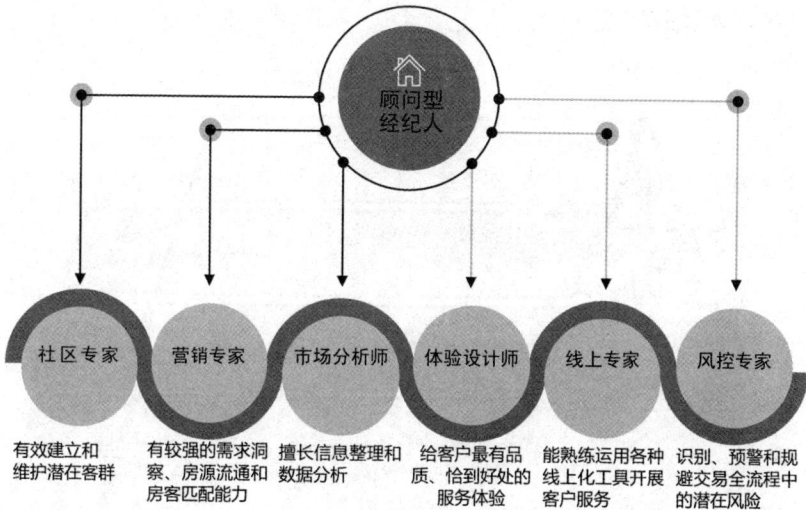

图 2-12　经纪人转型：正在从交易撮合型的销售角色向高专业附加值的顾问
角色转变

　　贝壳平台的经纪人合作网络，相当于重构了合作伙伴，搭建了一个更大范围的合伙人池子，海阔凭鱼跃，把员工当成合伙人，看成一个独立的创业者，把员工的利益和公司的利益捆绑起来，还可以鼓励和帮助员工自己开店。合伙人机制就是快速扩张的最佳经营模式。贝壳把竞争对手变成合作伙伴，搭建以跨店成交管理为核心的"客"的合作网络和以信用分管理为核心的"人"的合作网络，打破了行业长期存在的合作壁垒和"零和博弈"，有效解决了

"房""客"和"人"之间的联动难题,实现了协同作业,打通了跨品牌联卖(见图2-13)。

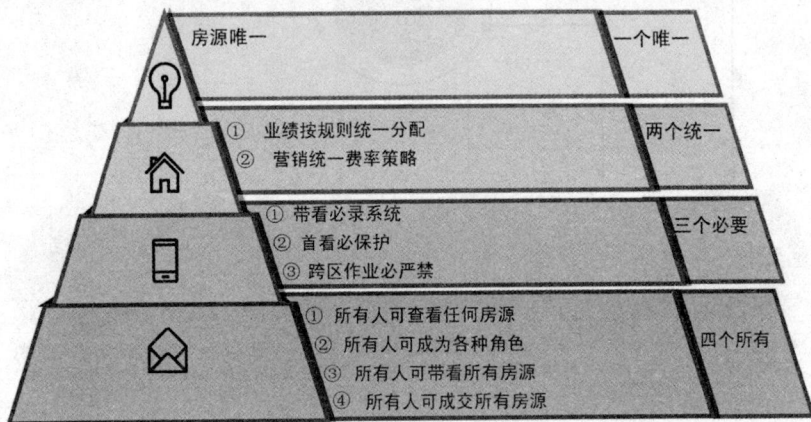

图 2-13 ACN 规则:网络效应最大化

贝克找房重构了服务对象,左晖在回应如何管理十三万人的团队访谈提问时,他的回答是如果把经纪人当作员工,管十几万人确实太难,但如果把经纪人当作客户、当作产品,这就多多益善了。从链家的 TO C 单打,变成了"BC 双打",为了更好地"BC双打",提升服务 C 和服务 B 的能力,贝壳找房和搜狐焦点强强联手,结合搜狐焦点渠道、内容、流量等优质资源,贝壳找房充分发挥大数据、创新技术、优质内容、精准管理等优势资源,为平台内品牌主、店东及经纪人赋能,打通消费场景,提升平台效率,为更

多的用户提供全价值链的品质居住服务。通过合作伙伴双方优势的

叠加，释放跨界潜能，共同为行业、合作伙伴、用户创造美好的

体验。

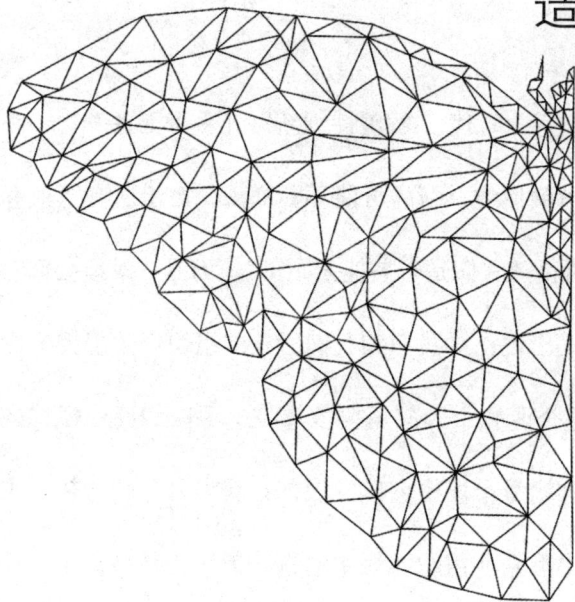

第三章

数字化转型中的组织模式再造

一、数字时代的组织外部环境的变化

在万物互联的数字化时代,"颠覆性创新"几乎每天在发生,在这一系列的颠覆与被颠覆中,新的可能不断涌现,对于所有行业和企业而言,问题不再是"我们是否被他人颠覆",而是"颠覆会何时到来,会以什么形式出现,对我们和我们所在的组织产生怎样的影响"。作为市场主体企业和个人都需要依靠技术手段和商业模式的创新,在存量市场和增量市场中突破发展,并获得自身的比较竞争优势。不仅国有大中型企业组织纷纷主动进行数字化转型,顺应数字经济时代价值创造、价值分配、资本作用、市场规律等变化特征,中小企业更是开启构建适应自身特点的新型组织模式,通过建立敏捷化、生态化、平台化的组织形态,在数字化转型中激发企业的创造力、竞争力和发展活力。

1. 技术条件的变化

交易结构的重构是市场环境变化的集中反映，也是理解和应对市场变化的有效视角。技术的进步，让企业、产品、用户作为最主要的商业要素的交互作用从相对简易的"连接"关系形态推进到紧密、深入、清晰和广泛的"连结"关系，从而塑造了更复杂的、更高频的、更动态的组织关系网络和价值创造网络（见图3-1）。

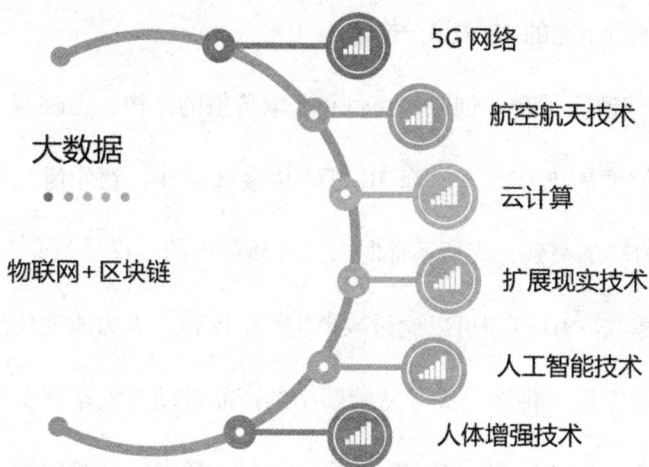

大数据

物联网+区块链

5G 网络

航空航天技术

云计算

扩展现实技术

人工智能技术

人体增强技术

图 3-1　大数据时代的技术变革

（1）无所不在的智能终端

智能手机作为服务对接用户最重要的载体，已无处不在，成为"社会人"不可或缺的必需品和必备品，也让物联网的泛在性变成

了现实，多样化的智能终端、多样化的功能呈现、多样化的操作系统、多样化的应用场景，让每一个人随时在线，每一个需求即时满足，释放着每个个体的能量和情感。智能终端可以随时随地采集数据，公平地给予每一个消费者、每一个员工、每一个企业家发出声音、改变自我的机会。移动互联构建的新的消费关系、生产关系、合作关系、供需关系，让每个人基于地理位置、基于兴趣爱好、基于利益诉求、基于行为偏向发生聚合关系，产生出更高的商业价值。

（2）无所不能的 3D 及 3D 打印

3D 打印改变了企业创造、交付和获取价值的结构，也改变了企业在基本层面的工作方式，当 3D 打印从金融铸件、到牙齿、到心脏、完成材料的突破，无所不能时，其本质颠覆的不仅是商业模式，更是组织模式。3D 打印可以通过减少生产、库存、人力改变传统的投资回报率方程，将客户关系从营销中的产品推动式策略转变为按需定制的产品拉动模式，响应客户更加及时。通向大规模定制的路不仅得有技术路线（即 3D 打印），还得有组织路线。组织必须和用户交互，知道用户要什么，要跟用户融合到一起，才能为 3D 打印提供正确方向。如果没有组织转型的支持，没有实现数字转型的运作模式，光凭技术并不能真正实现大规模定制。张瑞敏先生明确提出，没有"3D打印组织",3D打印技术就不可能发挥作用。海尔的小微是"增材组织",就像"3D打印组织"一样,每个人都有目标,只需要把自己的价值充分发挥出来即可。

（3）无所不知的算法

5G、AI、云计算、云存储、区块链、深度学习、图像识别、语言处理等技术革命最终产生的大、小数据都因算法而产生商业价值,在涉及衣食住行吃喝玩乐的平台,80%都在尝试做个性化推荐,力图"千人千面"地满足用户需求以及挖掘和创造需求。网络平台因无所不知的算法更懂消费者,给用户带来了合适的商品、便利的服务,深度锁定用户,让用户产生依赖,无处遁形。过去好的商业模式是线性的、逻辑强关联的,现在好的商业模式是涌现性的、裂变性的、跨越式的,是算法的结果,用大数据洞察消费者偏好的结果,更是数据和算法开始深度赋能业务的结果。

2.客户需求的变化

从2020年起,直播带货的火爆让数字化消费普及兴起,不同地域、年龄、文化之间的消费者被数字化所连接,消费者使用各种设备通过互联网营销平台获取了数字内容,评论产品和服务的优劣,

数字化消费也在用户心中扎下了根，结出了果，产品的视听直观感受极大地影响了用户对品牌的忠诚度（见图3-2）。

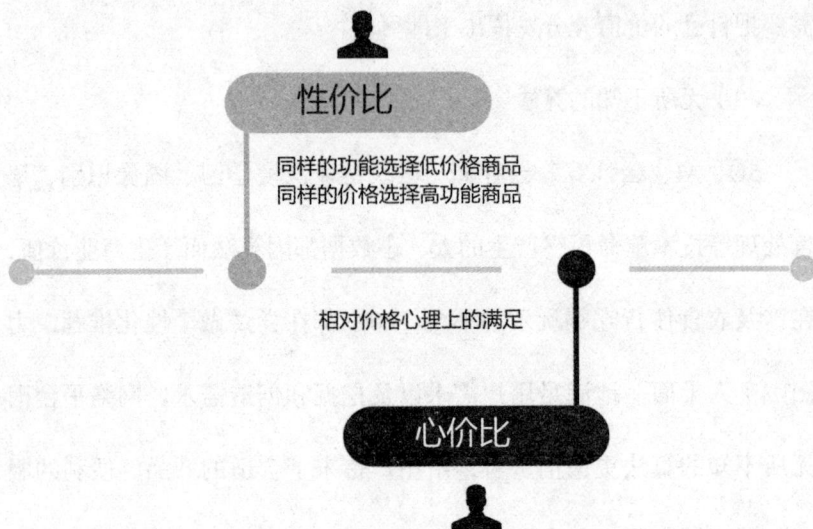

图 3-2 消费者主权时代"心"选择

（1）服务重于产品

根据 Twitter 的一项研究显示，对于消费者来说，客户服务不仅比品牌本身还要重要 30%，而且比驱动消费者满意度的"性价比"还要重要 52%。消费者在得到服务的方式、地点和时间上需要自由和灵活度，并更加倾向于获得私人化、全天候的特权。以客户服务为导向，目标是实现客户价值最大化。只有当客户价值最大化时，企业才能可能价值最大化，这时无论是价值形态还是管理模式，都将发生彻底的改变。市场服务导向下的激情和责任，从业绩价值形态进化为客户价值形态，成为企业发展的根本，以客户为中心的业务流程再造，打造出基于角色管理和体验流程的组织结构、管理模式，并成为企业转型的焦点。

（2）参与重于教育

如今超级平台间的竞争，已经变为对用户参与度的角力。这不仅考量 DAU（日活跃用户量），同样要争抢他们的使用时长。像工业时代的教育用户、引导购买的营销方式已经过时了，必须让用户从一开始的设计、研发就参与进来，实现一个全流程的交互、体验。企业的转型要依靠用户作为起点实现逆向改造，最终使业务落地。传统制造业的未来前景就在于将传统直线型的供应链替代为"按需设计""按需制造""按需配送"的现代供应链。只有让用户参与到企业的生产中来，才能很好地支持用户多样化、个性化、层次化的需求。客户参与是数字化转型的关键输出，管理者可以通过数字化方法重新定义员工体验、释放员工潜能，借助信息和数据分析增强、扩展和重新定义客户价值体验，使客户和员工得以共同展开更具战略性和价值增值的活动。

3. 人才诉求的变化

随着劳动力供给越来越少，整个雇佣市场发生了改变，企业方变成弱势群体，员工则可能更有选择权，找工作会关注需要什么样的生活方式，当财富安全感极强的"90"后进入劳动力市场，他们更是关注能否从企业得到价值诉求的实现，身心灵合一，企业需要尊重个性，使组织架构及运营机制与新时代的人才诉求高度契合（见图3-3）。

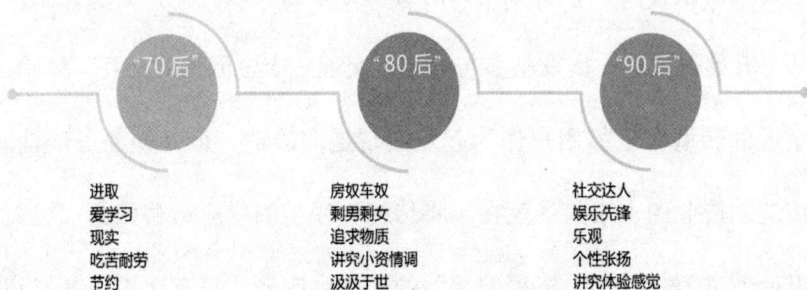

进取　　　　房奴车奴　　　社交达人
爱学习　　　剩男剩女　　　娱乐先锋
现实　　　　追求物质　　　乐观
吃苦耐劳　　讲究小资情调　个性张扬
节约　　　　汲汲于世　　　讲究体验感觉

图3-3 "70后""80后""90后"的诉求对比

（1）企业忠诚轻于职业忠诚

数字时代，个人不再依附、从属于企业，员工认可企业的目标、文化、环境，全身心地投入到工作中去，努力把个人的发展融入企业发展中去固然好，但对事业执有追求的责任心和使命感的忠诚意识才能让个人在专业、责任、精力上更加投入。个体不仅是组织的雇员，也是组织的用户，个体希望从组织这个产品中收获职业成长，兑现职业承诺，勤业、敬业、满怀激情地迎接挑战，在工作上尽情发挥所长，以使自己的劳动报酬与之相适应，致力于追求职业的最高境界。一条职业赛道的可能性，远比一个组织能够提供的要多很多。个体越是在乎自己正在和谁共事，越是在乎自己能不能从其他人身上学到东西，就越把低水平的、重复的工作视为大坑或者包袱，个体认为让自己成长、变得专业更加重要。

（2）专业能力轻于连接能力

互联网的本质是连接，共享经济背后是人与人关系的连接，连接体验超过了产品本身的体验，商业价值中人的连接能力的重要性超过了对知识、信息专业性掌握本身的重要性。数字商业最重要的特征之一就是连接大于拥有。企业只有打通了内部、外部等数据，实现更高效的协同，才会有指数增长的机会。依靠内外部的各种资源链接促发全员创新增效是企业非常有价值、有意义、有聚焦的长期活动。企业的增长实际上是资源的累加，累积企业资源，控制核心资源，撬动合作资源是组织模式创新和发展的基础和本质。技术、客户、人才演变的日新月异，让企业在不确定性和指数级变化中陷

入了认知的"混沌",企业竞争力的改变却不可含糊,未来企业跟企业之间比拼的是凝聚力、包容力、协作力。数字时代最大的特点是生态化。在完全竞争的逻辑下,生态很难形成。企业只有进行构成要素、组织方式、人与人的关系及相关的文化价值体系根本性的变革,才能匹配颠覆性商业模式的落地。组织模式再造是企业数字化转型的必由之路。

二、组织模式再造中的数字化转型形态

　　企业最难、最深层次的变革是组织与人的变革。如果没有新的组织模式、组织机制做支撑，即使企业家看到了数字时代的发展方向，也可能会因组织的惯性，商业模式的刚性，组织能力跟不上，组织柔性应对不足，导致商业模式重构不可能实现。组织是人的连接与集合，人是主角，组织始终围绕人来定义能力与价值，围绕人与组织关系的重构来提升组织效率与价值创造活力，最终走向个人和组织平等、对等的生态型组织。

1. 个人小于组织与组织的赋能化

　　个人服从组织，下级服从上级，少数服从多数，是传统组织的运营形态和运转方式。但在数字时代，个人单位纵然小于组织单位，

个人与组织的关系却发生了根本性的转变（见图3-4）。组织之价值，已不是大包大揽和从一而终的个人依附，而主要体现在：第一，目标引导；第二，组织赋能。

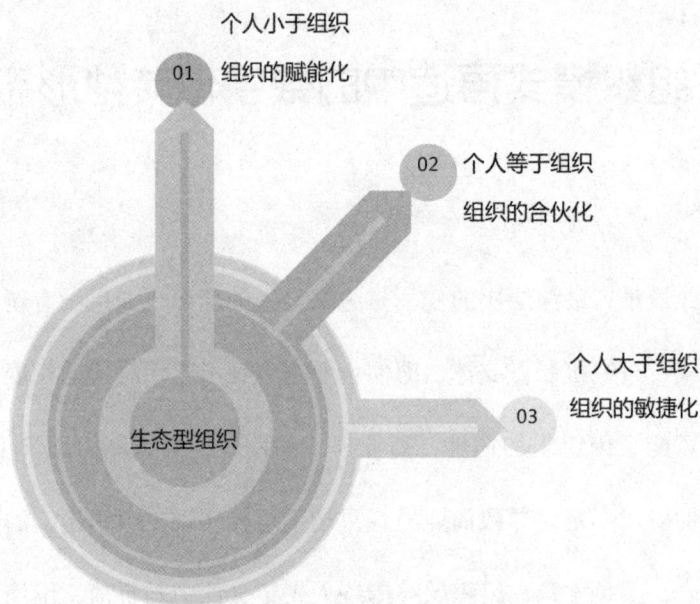

图 3-4　组织模式再造中的数字化转型呈现

个人参与组织目标的设定与持续迭代，组织目标充分反映和体现个人目标，个人目标与组织目标一致但又不尽相同，和而不同，这是理想状态。组织想要的结果和个人想要的结果之间是一种动态的平衡关系，没有公司能够无条件、低成本地长期使用有质量的人力资源，也没有个人能够无代价、低付出地使用组织的平台资源来实现自身的经济利益和职业成长。二者相互制约，在动态中保持一种平衡关系。

马云早在 2014 年北京举行的一场大数据产业推介会上提出，"人类正从 IT 时代走向 DT 时代。" DT 时代讲究开放、透明，从 IT 到 DT，这两者之间看起来似乎是一种技术的差异，但实际上是思想观念层面上的差异。DT 时代下的组织借助各种技术工具和新的管理思想能够让 80% 的个人释放出 80% 的能力。中小企业的一把手，要有平权思维，不要妄图求大求全求控制，把规模发展和权力扩张当作是唯一目标，而要重视组织的发展质量和员工的生命活力，充分尊重成员的个性和需求，成员间氛围和谐，能够极大地激发个体的潜力和动机，才有利于达成组织目标。

2. 个人等于组织与组织的合伙化

个人成为经济的主体。在过去的社会经济关系里，企业和企业之间的关系就是市场经济中市场关系的主体。但是，在数字经济当中，个人成为经济的主体，个人即组织，这是新实体经济的一个巨大的特征，数字时代完全成全个人的独立性、能动性，以完整的第

三方服务网络支撑了个人的负责、个人的决策。韦尔奇提出的企业无边界，笔者深有体会。企业早期就是一个无边界的组织，企业里也许只有企业家一个人，一个人的企业，或者只有一个很小的创业团队，大家在里面纵横驰骋，没有限制。随着企业的发展，组织和个体才给自己设置了边界，让企业向规范化、有序化成长，但在数字经济的混沌、模糊、不确定持续常态化下，过于明晰的分工，过于刚性的关联，反而容易导致权责利的不清晰和责任的推诿，企业内部的交易不降反升。在这种状况下，企业最可行的方法就是将企业的边界打破，重新回到独立个人、合伙人、小企业的原始状态，让一个人就是一个企业、一支队伍，让个体的活力和潜能充分爆发（见图 3-5）。

股东   合伙人

图 3-5 人本力量的崛起：共担、共识、共创、共享的事业合伙人

3. 个人大于组织与组织的敏捷化

在经济快速的发展中，我们经常会听说一个人救活一个企业的

商业传奇故事，一个人的贡献可以大于一个企业的真实度是毋庸置疑的。由此，人的个性或者个体的价值被放到了最高的位置，社会不再强调个体发展与整体利益发展的依存关系，而是强调单个个体的成功和价值对企业整体的贡献作用。特别是在危急关头，企业家个体是企业前进的"掌舵人"，其在推动企业组织变革中是否能够保持理念先进、组织有序、手段有力，将深刻影响变革的成功与否。

为了有效应付 VUCA 的环境，企业必须进行快捷的战略调整和资源重组能力，从而快速响应市场变化和应对危机。个人大于组织，反映的是"将在外君命有所不受"的决策空间，体现的是让听见炮声的人指挥战斗，也就是客户优先、效率优先。敏捷化的组织（见图 3-6）在数字时代，就是要让个体冲破组织的桎梏，有效地建立与内外部各个相关方的连接与交互，在活性化的连接与敏锐化的交互中，共同创造、分享价值、实现增值。过去两三年随着微商品牌的兴盛，网红直播一人创收胜于一家上市公司业绩的不乏其数，都在彰显个人大于组织的时代力量。

企业拥抱数字时代，应对新兴商业的机遇和挑战，要在文化上坚持客户导向，快速响应，满足并超越客户需求；在战略上坚持开放协同思维，打造价值生态，建立灵活的资源、弹性的架构，自发

自愿的驱动。现代企业为了顺应市场、技术、人才的新趋势而形成的新型组织形态是平台化的，甚至是生态化的，去掉中心化依赖，权威化迷信，靠企业数字化决策系统运转，在企业内部建立以客户为导向的独立核算机制，让用户、参与方、互补方都能参与其中，自我驱动，不断吸引生态参与方，让各个生态角色成为直接的价值创造者并且参与价值分配，对经营后果拥有剩余索取权，同时扩大角色之间的核心交互，加强网络效应，实现生态价值最大化，继而多方面获得按劳计酬的相关利益。

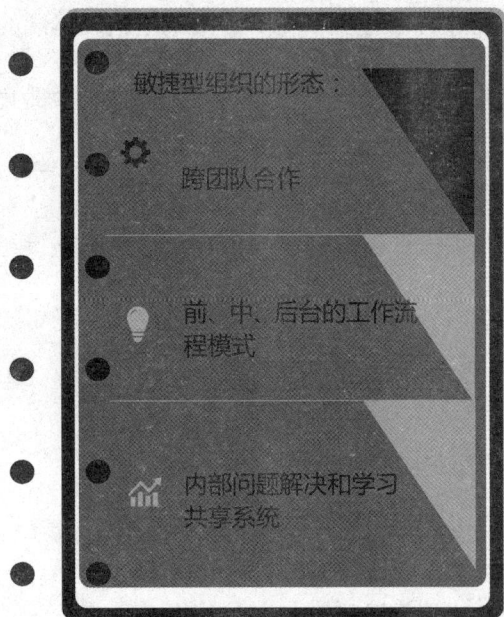

图 3-6 特种部队：典型的敏捷型组织

三、组织模式再造的核心逻辑：从人到数字人

　　如果说数字时代商业模式重构的底层逻辑是从物到人，那组织模式再造则要彻底将人改变为数字人。如果说互联网的快速发展解决了"事"的数字化，物联网也解决了"物"的数字化。当下，社会的痛点是人的数字化还没有解决，因为每个百姓还得一次一次地去证明"我是我"，在数字世界里还没有公民数字的身份。在这个背景下，当人的数字化成立了以后，人才可以畅行无阻，而且高效地行使自己的责任、权利和义务。当物理世界中的人、事、物三个维度都实现了数字化，那么数字世界就会应运而生。当数字世界到来的时候，每个企业、每个个人都可能根据自己的优势和能力，为其他企业、其他人去提供尽善尽美的服务，

使"员工"、"用户"、供应商等资源及其技能得到最大限度地使用和挖掘，促使企业的利益相关者共同参与创新、创业以及融合，以此推动企业的向前发展（见图3-7）。

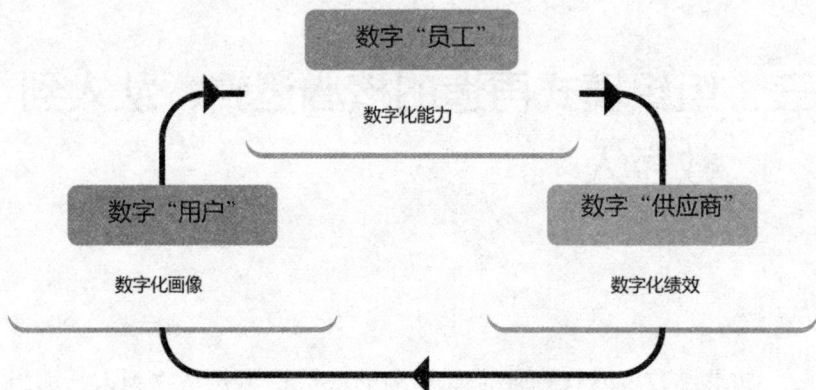

图 3-7 组织模式再造的核心逻辑

1. 数字"员工"

数字化转型能否成功，在很大程度上依赖于业务第一线员工的决策能力和工作效率，为员工"画像"，利用业已成熟的数字技术有效赋能员工，是很多企业数字化转型的重中之重。疫情造成的员工分散办公、居家办公让作为企业内部核心生产力的员工数字化被推到了企业转型升级的必然形态，员工数字化不仅是指让智能机器人代替人工完成工作任务，数字化的员工还包含以下两层内涵：让员工具备数字化能力和让员工成为数字化形态。

（1）让员工具备数字化能力

数字时代的核心生产要素是数据，数据又是人工智能的基础，所以现阶段企业数字化转型的第一步就是要员工具备数据搜集、整理、分析、应用四个技能，第二步是力推动传统员工在技术、思维和学习能力上的转型升级，第三步是因岗而异、因需而学、因级而分，对人才进行分层分类的数字化赋能。打造数字化人力资源管理平台，实际上就是构建员工赋能平台。

（2）让员工成为数字化形态

员工数字化形态是指对员工在现实世界行为的数据化分析，要同时存在于数字世界，其核心是让员工信息具象化、可管理化。实现方式需要组织从人力资源管理选、用、育、留四个领域入手，针对员工发展的不同阶段进行数据追踪，建立包含员工业务能力、综合素质、兴趣爱好、心理健康等多种数据为一体的数字画像，让员工的数字化形态具象化，企业可以将每一位员工画像与标准岗位的要求及优秀员工画像进行比对分析，进而为员工发展提供基于数据的客观建议，从而让员工队伍持续进步，向优看齐，真正实现人岗匹配、人资匹配，与业务变革及创新协同联动作业。

2. 数字"用户"

企业的管理已从流程驱动向数字驱动转变，其中，数字用户的管理是重中之重，从用户数量、新增数量、日活跃度、用户等级、忠诚度、用户参与度、用户生命周期、用户自传播能力等多维度进行观察，各项标签数据对企业实现精细运营与增长具有重要的意义。收集和分析现有用户的数据是建立用户数字化体系的第一步，对用户的了解越多，企业对自身的了解越多，越有可能挖掘越多的潜在价值，然后基于用户行为与企业标准，将用户进行分级度量，分析不同等级用户背后的标签及画像，建立清晰的用户模型，为企业挖掘用户的更多需求提供信息基础，最后通过识别优质的价值渠道，不断地积累数字用户，提高企业的市场地位，在深耕并运营用户的基础上，用口碑传播效应吸引更多的价值用户。

3. 数字"供应商"

数字画像也是企业识别、培养和管理供应商数字化形态的最佳方式。物联网、云计算、机器人、区块链等在内的新信息技术可有效助力供应链上下游合作伙伴的管理，将数据的价值深入挖掘，从而进行预测分析、大数据聚类、关联分析以及精准推送等，优化提升供需匹配和供需双赢。传统制造企业甚至可以通过云技术和大数据，实时了解产品的关键质量点和关键制造流程，这样不仅可以对供应商的产品质量有更加全面的了解，也能够用最短的时间通过数据发现并解决可能出现的问题，基于企业和供应商价值链的对接互联，既能降低成本提高效率，又可以更好更快地找到合作伙伴，实现供应合作伙伴的智能优化（见图3-8）。

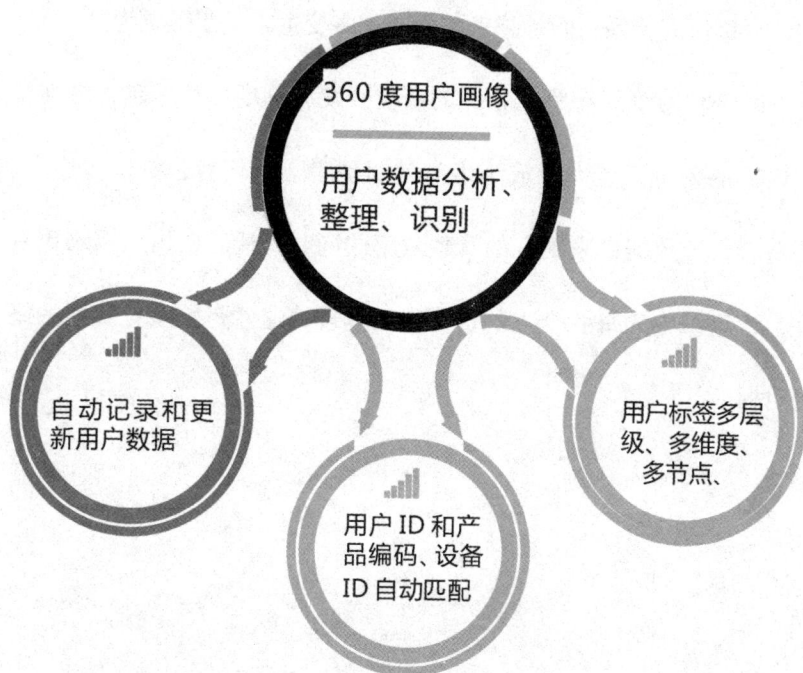

图3-8 360度用户画像的形成

数字时代的商业模式重构是从物到人，组织模式的再造是从人

87

到数字人，如果说传统思路是以成交为核心的，但用数字化思维对待这件事情，就是以用户体验为核心。在这一转变的重大条件下，商业模式重构和组织模式再造只有趋于统一，交易关系和组织关系没有内外之别，数字化转型才能天人合一，没有障碍。当一个组织发展到一定规模后，转身为平台，所有的关系都变成了网络中的节点，角色不再局限于公司和员工的简单雇佣关系或公司与上下游之间的简单供需关系，而是越来越趋向于多变生态，变得更为复杂。

数字化转型只有跳出单纯的系统开发和制度执行思路，瞄准组织内外的角色，让大家成为生态的驱动者、净化者、价值传递者、创造者，让数据带来更好的管理效率的同时，让一个组织网络更有序，让组织中的每一个人的价值得以体现，这才是数字化转型的终极目标。

四、贝壳找房的组织模式再造

1. 贝克找房组织模式再造的条件

随着移动终端的普及，贝壳找房以人为本，以体验为中心的产业智能化布局有了生态的硬件基础。随着 IOT 等智能终端在门店的落地与应用，传统中介门店的价值被重塑。中介门店除承载传统房源信息之外，可以承载更多符合消费者和经纪人需求的定制化信息。

万物互联加 3D 打印是贝壳找房时代性的机遇，笔者曾为"3D打印建筑第一人"马义和先生提供咨询服务，三天打出一套别墅已是现实，快和便宜到极致的房屋建造，甚至可能最终解决全球住房危机，贝壳找房锁定的存量市场将更有价值。我们也看到在贝壳找

房的平台上，消费者可以通过 3D 实景，用"云看房"的方式，感受到房间的大小、装修的细节等，也可以一键连线经纪人，获得关于朝向、配套、税费等相关问题的解答。

在房产中介行业，以算法为代表的人工智能"解放"了经纪人，让有能力的经纪人转向"更有价值"的谈判和成交环节，进而实现了房产交易的繁荣。用正确的价值观指导算法，利用算法的特性去解决社会问题和满足合理人性，这是组织进化要秉持的价值底蕴。纵然有着基于贝壳找房海量房屋数据的积累，以及精准的估价算法、推荐算法、营销算法，贝壳找房 CEO 彭永东依然说贝壳的终极算法是企业的使命、愿景与核心价值观。

贝壳经纪人的不舍昼夜、保姆式服务，是因为唯有以出色的个人专业能力与业绩，才能塑造出个人品牌，增强自身的职业筹码。左晖在雇主市场是有职业洁癖的，他认为好的人才除了好人品外还必须具有自我迭代的能力，也就是职业成长蜕变的空间和对自我职业的尊重。数字化转型，对于贝壳找房的经纪人来说最重要的是具备资源经营和关系经营的能力，房产资源不仅需要自己去挖掘创造，更需要去链接、去聚集，去撬动，不断改变和发展自身角色并积极融入房地产数字化、生态化变革的浪潮中。

2. 贝壳找房组织模式再造的呈现

左晖在招股书中附上的公开信里，说到"借助网络和大数据的力量，彻底重塑了这个行业"。

贝壳找房在每一步融资道路上，都有行业顶级投资机构的持续跟进，有两个很重要的原因（见图3-9）。

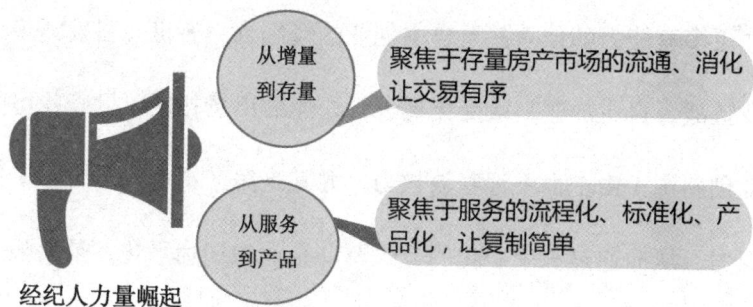

图 3-9 贝壳找房的组织模式再造依托

第一个原因是，看到了居住领域正在进入一个新的阶段，从过去重前端的开发建造迈向了重后端的交易服务，从增量刺激到存量挖掘，行业因为数字化获得了转型支撑，通过贝壳新的技术手段、数据分析和交易流程拆解，服务的价值能得到了清晰的表现和提升，好的服务者也会有高溢价，由此形成行业的正向激励和良性发展。

第二原因是，贝壳找房是第一家把依赖重度服务的复杂交易进

行了数字化重构的公司。通过经纪人的数字化连接、楼盘信息的数字化呈现、交易流程的数字化再造，拥有了很好的数据基础，把数据和数据连接起来，发现规律，把数据转化成经纪人可使用的营销工具，形成平台化应用，把科技和人连接起来，更直接、更紧密地连接客户、服务客户，响应购房客户。

贝壳找房越过房产中介等组织单位，抓住更为关键的要素人，让更多有能力的独立甚至自主创业的经纪人，有机会自发涌现、自我挑战、自主加盟，敏捷化地进行快速的市场拓展。贝壳找房的商业创新源于由上而下地释放权力，尤其是房产销售人员自主工作的权力，从而通过去中心化的方式驱动企业组织扁平化，最大限度地发挥经纪人的智慧和潜能。通过花桥学校、灯塔计划、VR+AI智能看房等相对重资产的投入、立体化、智慧化地赋能个人。个体的智慧总是有局限性的，个人小于组织。本质上强调的是只有激发组织的能力、团队的智慧才是推动企业创新变革，快速业务迭代，全面提升企业竞争力的重要途径。

链家2019年在深圳、天津、武汉、南京等20多个城市启动了"门店合伙人"制度，此举被业内人士看作是链家直营体系向轻资产转变的信号，合伙人制度让"链家系"自身减负，为贝壳找房的上市做了轻松的准备。企业在构建平台型组织时必然构建合伙人机制，两者无法分家。从某种意义上说，平台型组织管理模式等同于合伙人机制，平台型组织需要合伙人。一个"平台"的活跃程度恰恰要由合伙人的数量和质量来体现，而平台的繁荣程度也取决于合伙人的业务开展是否实现了多元化，合伙人的业务越活跃，平台越繁荣，平台价值越大，平台化战略才能得到真正实现。

3. 贝壳找房组织模式再造的核心

贝壳找房自始至终都相信经纪人的价值是行业里面最根本最小的价值单元，只有对经纪人好，贝壳找房才能有更大的发展空间。为此，贝壳找房为房地产经纪人提供了全套的赋能体系，包括完备的线上培训体系和数字化作业工具，让他们用专业能力获得尊重和认可。"贝壳经纪学院"APP 在 2019 年上线多门课程，疫情防控期间面向全行业免费开放，而 Link/A+ 作业系统、用户画像、AI 选房等数字化作业工具，可有效节省房地产经纪人的时间，提升工作效率。

基于人性的规则，围绕着经纪人的塑造和新人的培养，以信任和合作生态的搭建为目的，贝壳找房形成了三根线原则、薪火

计划，连坐机制、线上带教任务系统、线上线下荣誉、贝壳分的完整信用管理系统，共识清晰、规则明确，变行业竞争为行业合作，以人的塑造和行为改造为核心，优化了整个行业的秩序和声誉（见图 3-10）。

图 3-10 经纪人的塑造

新兴技术的产生会驱动流程和作业模式的变化，工作职责分工也将可能会被重新部署，工作简化、自动化是趋势，比如贝壳找房陆续上线 VR 售楼部、线上贷签等功能，将服务流程搬到线上，实现房产交易数字化闭环，用户消费场景和房地产经纪人作业场景发生改变，过去买家、业主、银行的工作人员必须当面办理贷签手续，现在可通过贝壳找房 APP 完成，数字化转型最终会落实到人机协同的价值。贝壳找房的 AI 找房功能，一方面基于已有房源数据，另一方面通过调研、用户反馈、样本分析等手段判断哪些应该卖掉的房子没有被卖掉，应该是高分的房子，但是没有给高分等，并最终做了六大方向 90 维度的特征总结，然后利用深度学习模型来挑选出用户视角的优质房源，并伴随着用户需求的迭代，平台业务需求的提升，持续完善、补充或者挖掘特征。

贝壳从链家时代即开始进行真房源为核心的线上供应网络建设，并打造了"楼盘字典"，用房间门牌号、标准户型图、配套设施信息等多维信息定义一套房屋，是行业最标准化的不动产基础数据库。有了数字化的供应端，企业就能充分整合供需资源，评判风险、优化网络。

人是企业发展的重要资本，是推动企业变革的核心力量，实现人的数字化，是数字化转型不可或缺的关键环节，也是首要环节。贝壳找房厉害的不仅是把房屋信息标准定义为 433 个字段，而是把关键流程拆分成了 10 个角色，并形成合作规则与指标，用"物"和"人"一致的数字化有效推动行业的标准化进程。在"人的数字化"

方面，贝壳找房推出行业信用分——贝壳分，基于房地产经纪人的行为数据，通过大数据展现经纪人综合得分，相当于对服务者和服务综合能力数字化，打造围绕服务者的基础设施。在贝壳平台上，贝壳分为每个参与者带来更多的"权"和"利"，分数越高的经纪人，获得生态系统内的支持就会越多，从而让好的经纪人被消费者看见，被消费者优选。

数字化人的实现，让企业获得新的生产力，有利于数字化产品服务的打造，有利于应对现实商业中的各种危机，开启现实与虚拟数字双世界的运营模式。企业要基于各类利益相关者进行清晰画像，为他们建立千人千面的数字化工作平台和数字化业务门户。数字人存在于社交网络、自媒体渠道及线下二维码场景中，建立起全员门户、全员特色、全员销售的商业新模式，只有在数字世界具备数字形态的人，才能发挥其最大价值，企业才能借力塑造更强的竞争力，在面对不确定性的紧急情况时，也能保证稳定运转。

数字时代企业的全面转型和深化改革，必须重构个人与组织的关系，不论个人小于、等于、大于组织，在新时代的矛盾下，都将围绕责、权、利三个根本问题进行关系的重建（见图3-11）。

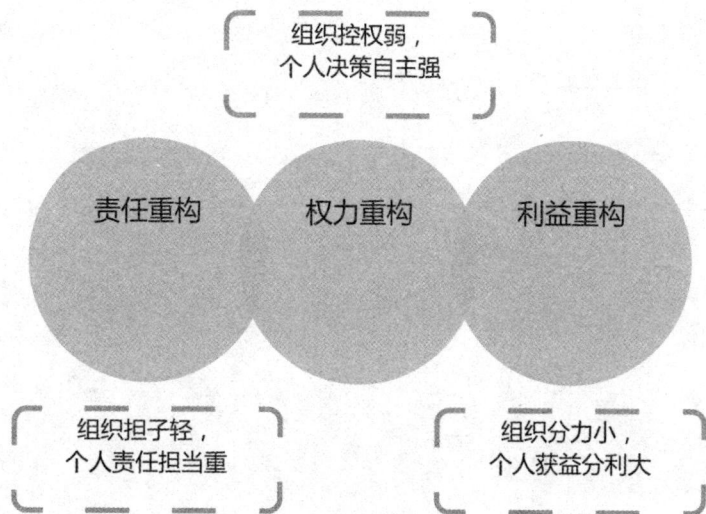

图 3-11　数字化转型中的权责利关系再造

　　当权、责、利进行了重构，商业模式的利益相关者交易结构的调整变化才能落在实处，才能整合资源，扩大网络效应。放人权，个人能自主，组织中的个体成为集员工、用户、投资人于一体的"全人"。放财权，个人能决策，个人成为集领导人、管理人、执行人于一身的能人。商业模式中的利益相关者本身的内涵和外延发生了改变，而只有当权、责、利都数字化了以后，完成从"全人""能人"到"数字人"的转变，其交易关系被清晰记录，其交易权益被有力保障，利益相关者的主动性、积极性和创造性就会完全不一样，真正让生产关系跳出固有模式，让新的聚合产生新的价值，释放出生产力的跃升空间。

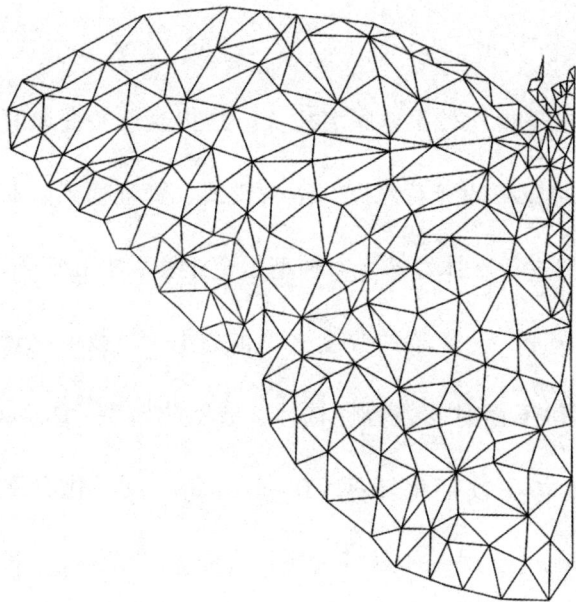

第四章

数字化转型的模式
范式

一、数字化转型内涵

企业转型理论出现得比较早，顾名思义，是指企业转变原有的发展形态，包含对原来的经营思路、运营模式、管理模式、业务目标、资源配置等进行整体性转变。转型是企业发展中的常态，企业规模不同，情况不一，变革的幅度大小也会不一，数字化转型是物联网时代不得不面对的趋势性选择，数字化转型（Digital transformation）是建立在数字化转换（Digitization)、数字化升级（Digitalization）的基础上，进一步触及公司核心业务，以新建一种商业模式为目标的高层次转型。

数字化转型本质是开发和利用数字化技术及支持能力对业务的重构、流程的重构以及组织的重构。清华大学互联网产业研究院院长朱岩教授说："数字化转型的根本目标在于为社会创造更大的价值，为企业带来更广阔的市场空间，它的核心在于我们要构建新的商业模式。"笔者认为，数字化转型和数字商业模式重构、组织模式再造互为基础，数字化是传统企业添加互联基因的入口，是实现企业业务和组织的重构、转型、创新、增长的基础条件和必经途径。但只有数字化商业模式重构和组织模式再造做好了，用创新卷积各方资源，放大价值，反复验证，优化模式，数字化转型的成功率才能提高。

目前，企业转型不成功的原因很多（见图4-1），根本有两点：一是企业缺乏自我变革的决心，变革遇到阻力，利益冲突严重，困难重重，甚至有企业中途下车；二是方法路径不对，成功的数字化转型需要相应的整体规划、配套方法和工具，如战略升级、角色增减、关系调整、管理对标、框架变革、流程再造等，转型方法论最大的核心是借鉴成功经验，提高转型成功率。

1. 转型前的评估调整

数字化转型是企业寻求未来增长的一种必然走向。事实上，那些没有看到成效的企业，只要做到事先充分评估才有可能看到成效。

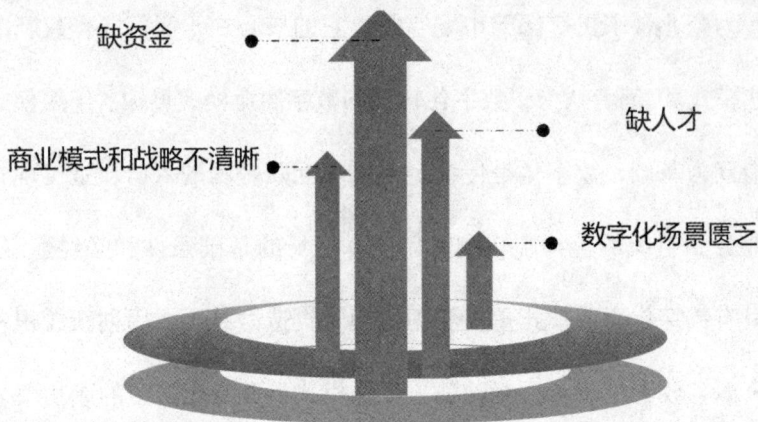

图 4-1 数字化转型障碍暨失败原因

第一，评估行业大环境和整体的经济情况，也就是行业和客户是否已经准备好了。转型太晚，肯定会在竞争中落于下风，但是转型太早，往往也会因为没有经验得不偿失。

第二，评估企业当前问题以及对企业发展有效的各种举措，这些因素往往比数字技术对公司的影响更大。数字化转型不是万金油，它不能包治百病，公司业绩下滑的原因有很多，不能仅仅依靠数字化转型来扭转困局。

第三，评估企业资源条件和新旧业务衔接平衡节奏。为了数字化而忽略了原有的业务，导致企业现金流严重不足，或者忽略了数字部门和非数字部门之间的交流、配合，让转型受到企业内部多方利益主体的阻挠。

企业必须认识到数字化并不是一个具体的产品，也不仅仅是一个颠覆性的技术，而是对公司的全方面、多维度的改造和升级，只是升级一个 IT 系统是完全不够的，数字化转型要求系统性重建，从封闭状态逐步走向开放，将自身平台化。

2. 转型中的一以贯之

互联网作为一种技术资源，对于所有的传统企业而言都是平等的。大家的差异体现在如何看待和使用技术上。从这个层面来看，数字化转型是一场认知革命，是一种思维方式与经营模式的革命，是一场涉及企业战略、组织、运营、人才等的系统变革与创新。正如德鲁克所指出的："在动荡的时代，最大的威胁不是动荡本身，而是延续过去的逻辑"。而在所有的传统思维的认知中，最根本的认知改变是对"人"本身的认知改变，没有对人的认知改变，我们将无法真正认识到数字化的"人"及自己，更没法在转型中贯穿"从物到人，从人再到数字人"的主线。

（1）从物到人

传统数字化转型下上线的 IT 系统主要体现的是以商品为中心的

管理理念，解决的是围绕商品的供、产、销，以财务系统的准确性为主旨的管理模式，这种模式理念忽略了营销的效率，也没有注重在企业运行过程中的人的效率，特别是在转型整体的系统设计缺乏解决用户人的效率意识。数字时代，要做的不只是数字和企业的融合，而是要把数字世界带入每个人、每个家庭、每个组织，从关注产品到关注"用户"，从专注核心人物到尊重个体，关注小人物、边缘人物的创新，从为客户创造价值的思维转向企业与客户共创价值、企业与员工共创价值的思维，从单一的竞争思维转为利他趋势的竞合思维，在"人""人的关系""人的需求""人的价值"中深入对"生而为人的意义"的探索（见图 4-2）。

图 4-2　数字化转型路线

（2）从人到数字人

数字化转型的本质，并不是纯粹地利用互联网技术或者工具来武装"人"，而是要用人的数字化来为组织赋能，从经营人的关系到经营数字关系，支付数字化，用户数字化，商品数字化，业务的每一个环节都将被数字化，所以传统企业的 IT 系统需要进行升级改造，完成 DT 时代的数字化模式，形成对多种营销方式的支持，具备适应支持平台化对接的能力，同时让组织形态与结构成为数字化的表达与呈现，扁平化，敏捷化，分布式，平台化，跨界融合生态化，去中心权威化、形成数字化的组织形态，数字化的团队合作与协同，打破边界，跨界融合生态化，真正促发物联网时代人、机、物三元融合环境下的"感知—分析—决策—执行"循环，实现企业的智慧运行，并最终完成"数据—知识—智慧"的跃迁。

3. 转型后的数据闭环

企业数字化转型的最大产出是大量数据的产生，而数据要素市场将会是数字化转型带来的巨大商业价值。数据思维被誉为未来"企业管理的第一思维"。企业在管理过程中，要建立依靠数据发现问题、分析问题、解决问题、跟踪问题的管理方式，算是始于数据、终于数据的一个闭环过程。能不能在转型中继承资源、沿袭优点，有没有在运营的 KPI 指标上有所提升，是不是能让量化管理更加精细，算不算稳定中有创新和变革，可不可以在颠覆中有逻辑的一致

性，只有高质量的闭环和建设高阶的数据化运营体系，精益求精，企业的数字化转型之路才能够越走越宽、越走越顺。

在这条完整的闭环之路，我们看到了三个转型的典范，基于"人"的重构，形成了商业模式重构和组织模式再造的应用范式（见图 4-3）。

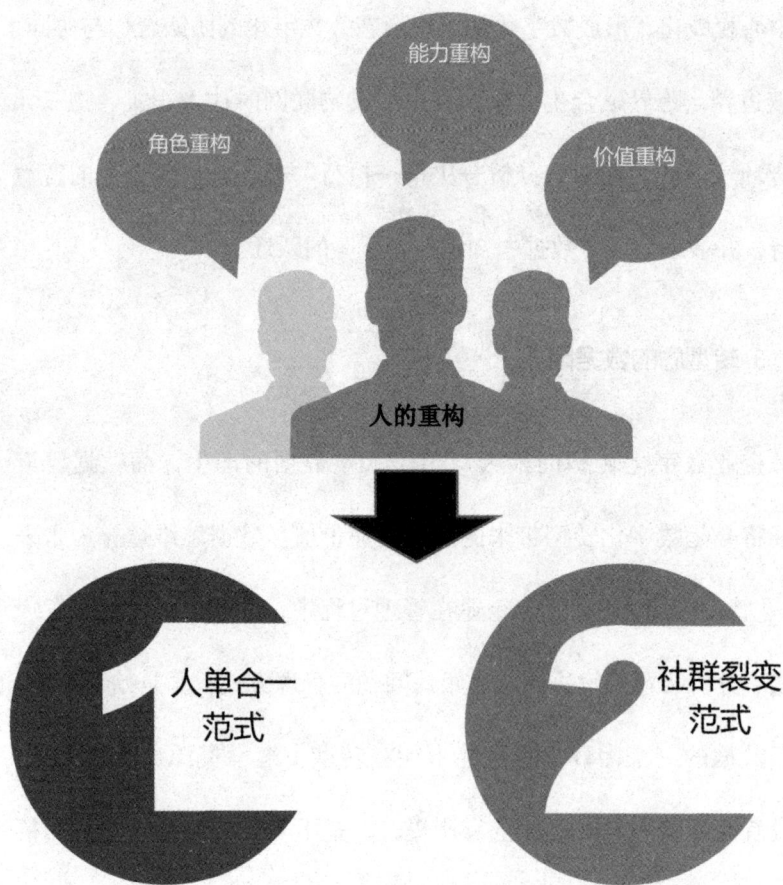

图 4-3 "人"的重构触发的范式变革

二、人单合一范式

2005 年，海尔集团董事局主席、首席执行官张瑞敏提出了"人单合一"模式，全球前十大商学院有 9 所都收入了海尔人单合一的案例，以"一家孵化创客的巨头公司""终结科层制的最佳典范"的卓越表现让哈佛商学院为其做了三个案例。正是借助人单合一模式，海尔将设备与用户建立起终身联系，成功从传统的家电企业转型为开放的物联网生态系统，深耕智慧家庭场景体验，打造"智家云"生态，并通过 COSMOPlat 工业互联网平台进行跨领域、跨行业赋能，携手生态方共同为用户打造最佳的体验。企业转型发展其实并没有捷径，人单合一模式是摆在众多中小企业面前的一条风险相对小、成本相对低、操作性相对强的道路。

1. 人单合一范式中的商业模式重构和组织模式再造

人单合一中的"人"，就是员工，"单"顾名思义就是订单。因为公司只会为员工的"使用价值"埋单，所以从这个层面来看，人其实是员工价值。订单的形成不是空穴来风，是因为满足了用户需求，创造了用户价值，所以单其实也就等于用户价值。人单合一，就是员工价值和用户价值合一，员工不再从属于企业和岗位，不再服从于领导和上级，其工作的第一使命是为了用户，服从于用户价值的创造。人单合一模式首次将 P2P（person to person）突破组织单元限制的人（员工）与人（用户）直接链接对等起来，这就实现了员工和用户双角色的重构，随着计算机模拟仿真、数字制造、3D 打印和云计算等新技术的加速应用，使得员工和用户角色高度重合，员工用户化和用户员工化已经成为趋势。

一方面，彻底将决策权、分配权、薪酬权还给员工，员工从执行者变成了创客，企业也从生产产品转变为孵化创客。另一方面，员工本来也是用户，能够做到感同身受，所以他对需求有判断力和决策力。而用户，靠着今天各种协同技术的支撑，完全可以轻松地参与到产品的用户互动、市场调研、设计策划、研发生产、销售推广、运营管理中来，员工用户化，已经是决胜物联网时代的重要策略（见图4-4）。

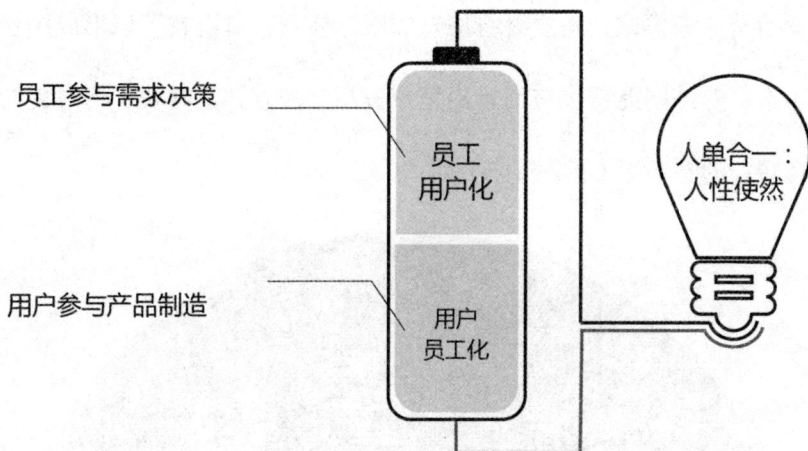

员工参与需求决策

员工
用户化

人单合一：
人性使然

用户参与产品制造

用户
员工化

图4-4 人单合一的核心变革

企业将用户定位为"终身用户"，让用户主动持续地参与到产品迭代的过程中来，并为迭代提出很多评价、反馈，愿意把他的感受分享给亲人、朋友、同事，分享到朋友圈、微博等社交媒体，这些传播发酵又会带来更多的用户，这样企业和用户就从单向静止被动地接收到双向动态地交互，从追逐需求转变为创造需求，从弱关系走向了强关系。这是人单合一对企业与客户交易关系的重构。

中小企业更应通过用户管理体系颠覆传统的用户服务模式，为用户真诚服务，在购买到售后的全流程中创造极致的用户体验，同

时根据用户大数据来反馈产品生产，让会员因得到稳定的售后服务、个性化定制以及持续的用户关怀而终身化、不离不弃。企业只需改变消费服务模式，建立终身用户的服务体系，对内就可以形成用户生态，对外则能帮供应商盘活用户资源，多方共生共长，形成良性运转、动态平衡（见图4-5）。

薪火计划
合作作业
师徒关系
终身用户社群生态

入口简单　　使用方便　　服务极致　　权益丰富　　交互多维

图 4-5 海尔构建终身用户管理体系

人单合一中的"人"也不是单一指向员工，而是涉及平台中所有的员工、供应商、合作者……在这层意义上，人单合一商业模式中的"交易关系"就包括企业与平台的关系、平台与人的关系、人和人的关系、内部与外部的关系。在企业的评价体系中，不仅要求各个利益相关方要为短期的表内损益（财务数据）负责，还要为长期的表外损益负责。此外，要从机制设计上引导他们要去追逐生态收益，获取用户的终身价值。

2.人单合一模式中的数字化转型路径

人单合一模式的落地伴随着管理理念和技术手段的不断升级，从 OEC 的执行力文化到倒三角的创客文化，从产品生命周期到用户生命周期，从原来提供产品到为用户提供解决方案，这样就可以解决企业边际效益递减的问题，由一般的产品到触网的智慧产品，始终和用户进行智慧交互不断实现用户体验迭代。人单合一的数字化转型路径见图4-6。

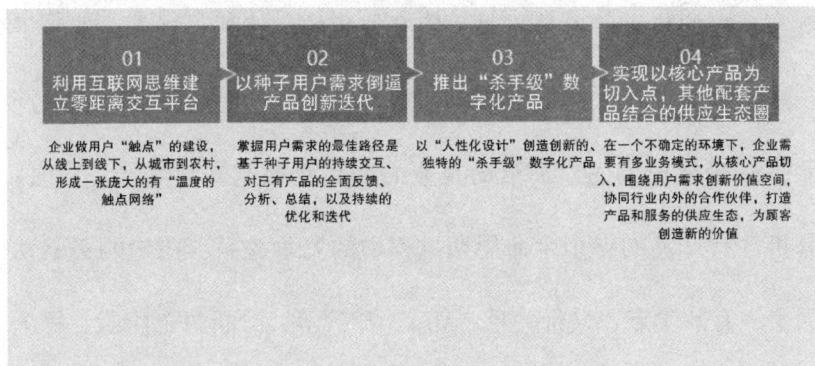

01 利用互联网思维建立零距离交互平台	02 以种子用户需求倒逼产品创新迭代	03 推出"杀手级"数字化产品	04 实现以核心产品为切入点，其他配套产品结合的供应生态圈
企业做用户"触点"的建设，从线上到线下，从城市到农村，形成一张庞大的有"温度的触点网络"	掌握用户需求的最佳路径是基于种子用户的持续交互、对已有产品的全面反馈、分析、总结，以及持续的优化和迭代	以"人性化设计"创造创新的、独特的"杀手级"数字化产品	在一个不确定的环境下，企业需要有多业务模式，从核心产品切入，围绕用户需求创新价值空间，协同行业内外的合作伙伴，打造产品和服务的供应生态，为顾客创造新的价值

图4-6 人单合一数字化转型步骤

（1）利用互联网思维建立零距离交互平台

零距离，讲的是与用户之间的零距离，要解决的是在一个产品为王的体验经济时代，如何提供最佳的产品和服务体验的问题，为此，企业要做用户"触点"的建设，从线上到线下，从城市到农村，形成一张庞大的有"温度"的触点网络。每个"触点"背后都是活生生的人，他们可以触及每个真实用户的真切需求。

（2）以种子用户需求倒逼产品创新迭代

掌握用户需求的最佳路径是基于种子用户的持续交互、对已有产品的全面反馈、分析、总结，以及持续的优化和迭代。种子用户的筛选、识别、调研是一项技能，如何收集、处理来自线上的意见反馈、论坛、各应用商店评论、线下的用户访谈、问卷、日常观察的信息，也是需要我们有技巧的。找到一群人，如种子一般，等待发芽、传播、开花、结果，这群人是能帮助企业的产品去慢慢地长大的，去帮助企业的产品变得越来越好的。同时，分析已有产品的整个生命周期过程中的竞争关系、用户购买驱动因素、有效卖点、量价关系、MIX、口碑等，分析每个阶段，每个细分市场最为显著的用户需求是哪些，以及过去十余年这些需求的变迁过程，在不断总结经验和教训的基础上，逐步清晰化、地图化、聚焦化用户的需求，同时对产品做可积累的改变和优化。

（3）推出"杀手级"数字化产品

"数字化产品"则是数字化转型落地的主要产出。特别是受疫情影响，很多企业将业务主战场从线下转到线上，而一些原有的线上企业也在完善升级数字化产品及服务，以使得用户在完整的用户旅程中，包括线上和线下的各个出点，得到无缝的体验；保证用户是否能正确地、高效地、满意地跟产品界面交互；以"人性化设计"创造创新的、独特的"杀手级"数字化产品。数字化产品和服务必须影响实际的指标，收入、利润、成本、客户参与、保留或重复购买，从而以积极的方式影响业务，成为实现公司数字价值主张的具体解决方案。

（4）实现以核心产品为切入点，其他配套产品结合的供应生态圈

数字化转型是一个以客户为中心的价值主张，通过数字技术和信息增强组织的现有资产和能力，从而创造新的客户价值。在今天的技术环境下，企业发展模式要从竞争模式转向共生模式，要从规模增长转为价值增长，要从原来的低效串联流程转到高效的并联流程，要让每个企业内部的职能部门变成网络结点的创业小微，每个节点和用户零距离，时刻满足用户的需求，从员工价值由企业评价

到由用户评价,让企业从封闭体系变为开放的平台,从而解决大规模和个性化的矛盾,用创新驱动增长而不是用投资来驱动企业的长足发展。在一个不确定的环境下,企业需要有多种业务模式来与不确定性共处。对于企业而言,核心是如何面对不确定性,如何从核心产品切入,围绕用户需求创新价值空间,协同行业内外的合作伙伴,打造产品和服务的供应生态,为顾客创造新的价值。

三、社群裂变商业模式

在被中心化平台（包括京东、淘宝、美团、饿了么）主宰的数字时代中，流量增长已经面临瓶颈，竞争会持续加剧，成本只会不断上升，利润会不断被压薄。而社群裂变商业模式成就了移动互联网营销时代的到来，让数字经济的魅力得以彰显。裂变，已被视为商业模式设计的高级玩法，因为裂变可以彻底摆脱自己亲自获取客户，从而让获取客户能够自发地、自动化地完成，从而降低营销成本（库存成本、渠道费）、提高用户的有效性和黏性，让业绩快速倍增。社群裂变的核心，其实就是老用户带来新用户，新用户又带来新用户，把公域流量转化到自己的私域流量，再通过流量的持续运营和裂变，从而获得了更多的流量，如此往复循环下去，在社交网络中获得持续传播，最终形成了所谓的社群裂变。

1. 社群裂变模式中的商业重构

社群裂变不仅仅是目标用户圈层的聚集，也是传递品牌理念和产品内容的最佳载体，通过重构用户价值和交易关系，建立产品与粉丝群体之间的情感信任与价值反哺，形成自运转、自循环的范围经济系统和闭环的自动营销。

"用户变粉丝"，是品牌发展的方向。工业时代"得渠道者得天下"，移动互联网时代的"得粉丝者得天下""得人心者得天下"。企业经营将客户进行重构，从相对大众转变为相对小众，从经营用户转变为经营粉丝，从成交用户转变为赋能用户，锁定用户中的这样一群人，他们拥有更多、更准确的产品信息，且能为相关群体所接受或信任，并对该群体的购买行为有较大的影响力。营销学定义，Key Opinion Leader（关键意见领袖，简称 KOL)，当企业让用户在能力上成为意见领袖和合作伙伴，在供给极大、选择充分下，发挥其专家的分辨能力，用专业度引导用户，就形成佼佼者带动下的粉丝效应。

无论是天猫还是京东，本质上充当的还是企业分销渠道的角色，解决的是去哪里买的问题，所以终究逃不过在价格上大做文章，价格战此起彼伏，也因为大多数企业的产品服务趋于雷同，价格"逆袭"就成为竞争中最敏感的影响因子。而数字时代，企业专注于打造自己的"工具＋服务"自成一体的小平台，不止步于和用户产生成交关系，而在着力于帮助用户解决为何买以及买后怎么用等问题，为用户创造优质的购物体验，帮助用户有效缩短和节省搜索商品的路径和时间，并通过为用户提供贴合商品的内容以及深度社交（运营）来降低用户购买决策难度，通过重构和用户的新型社交关系，将用户变成自己的粉丝，从而建立起企业自己的私域流量。

2.社群裂变模式中的数字化转型路径

社群经营，从营销端切入商业模式的重构，是通过营销组织的创新提升竞争力，连接社群的不是权力和利益，而是存于内心的热爱和志同道合，是继公司这种硬组织走到尽头后未来的主流组织形态，数字技术为社群的发展提供了基本的工具和手段，而企业要实施社群裂变的商业模式，创造真正的经济价值、产业价值和社会价值，就得有路径的遵循（见图 4-7）。

构建精准的用户
数据分析系统

打造强大的企业
文化

搭建一套完整私域
流量的运营体系

持续优质内容的
输出

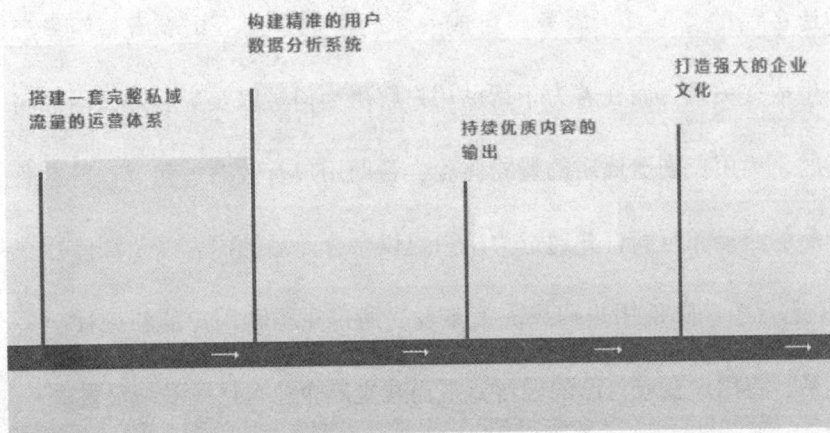

图 4-7 社群裂变数字化转型步骤

（1）选定匹配的私域流量沉淀平台

企业在做私域运营时，从平台的选择上，现阶段只要入驻主流平台，基本上就可以快速构建自己的私域运营之路。搭载抖音、头条等以直播、短视频为载体的社交电商的这波红利，填补线下零售的巨大亏损。企业根据目标消费者的画像，去匹配现有平台的人群特征，找到最合适自身的流量导入平台。当然，这个选择不一定是唯一的，企业也可以多元化选择，做不同的组合拳。

（2）构建精准的用户数据分析系统

"粉丝"营销跟传统营销最大的区别在于"粉丝"的定向培养。而要实现定向化，必须要有精准的用户数据分析作支撑，以指导营销的精准与创新。通过对接各媒体平台收集用户网络属性，分析描摹用户画像，做到比用户自己更了解用户，从而让定向营销投放更加准确。基于用户画像，智能输出媒体点位的组合推荐，指导不同类型投放的媒体选择和点位选择。最后，通过整合用户画像和媒介画像应用，向外自动对接内外部数据系统，借助大数据精准锁定目标用户，让裂变有根基。

（3）持续优质内容的输出

在社群商业模式下，用户因为被好的内容吸引，聚集成社群，社群发展壮大，促成更多的交易，完成商业变现。内容是媒体属性，是社群商业的基础，用作流量入口，由它来吸引用户，这样社群的形成和后续的运营才有了可能。

（4）打造强大的企业文化

事实证明，真正引领企业发展和吸引粉丝追随的一定是强大的企业文化。每个企业都有灵魂人物，要么是品牌，要么是品牌化的人，强化企业灵魂，然后通过价值观聚合企业的圈子和社区。

四、贝壳找房的商业模式重构与组织模式再造

阿里巴巴曾经发布了未来十年的黄金风口模式：S2B2C 模式，也就是产业平台赋能模式。马化腾曾经说，C 端（用户端）的市场红利已经基本结束，未来的希望在 B 端（企业用户商家），所以腾讯提出来产业互联网。消费互联网化影响需求侧，产业互联网化可直接影响供给侧。产业互联网的发展，能够实现满足消费者互联网的个性化消费需求，是深化供给侧改革的重大举措。产业互联网和S2B2C 模式的本质都是一样的，就是在这个时代做产业赋能平台，这个模式适合于所有的传统企业，是数字化转型创新的首选，就是最终把公司做成一个轻资产、高价值、强现金流的产业赋能平台。

1. 贝壳找房中的人单合一和社群裂变

（1）贝壳找房的人单之合

贝壳找房的商业模式重构中充分吸收了人单合一模式和社群裂变模式的精髓。为了与用户零距离，贝壳找房将渠道不断下沉，用链家品牌（自有门店）、德佑品牌（加盟门店）将触点伸入社区、家庭中，把供应网、销售网、服务网三网合一，通过每一个触点的体验升级，温情地与用户交互，感知用户关于住的需求上的痛点和痒点，赢得用户的信任和青睐。贝壳找房每年基本提供10万个校招名额，全年总招聘36.5万人，以全流程体系培养行业人才，拉升服务者的职业化水平，提升行业效率与用户体验，进一步促进居住服务业结构优化升级。服务者作为居住服务的重要组成部分，必须成为贝壳投入的核心，把人单合一的人稳稳地立住了。贝壳平台最初作为一个新物种，没有先前的模式可以参照，在链家体系内外，不少人表示看不懂，全靠坚持对消费者好、相信合作共赢的种子服务商，大家才结成一个价值观共同体，构筑起了一个网络型合作组织，从种子演变升级，实现了指数级的扩大。人成了网，就提高了拢"单"的概率。

贝壳买房横空出世于线上体验很差的房地产互联网产业中，基于对房屋交易过程存在痛点的深入理解，推出了基于 VR 技术的 VR 看房、VR 带看、AI 讲房的"杀手级"产品。在真房源的基础上，如视 VR 通过智能扫描设备研发、VR 场景构建算法和三维重建，有效还原了真实的房屋细节。用户可以通过手机画面了解房屋空间尺寸、朝向，以及房屋周边的商业配套情况，教育、医疗等生活服务信息。而全新发布的未来家 on AR，让用户可以在线下感受房屋设计装修后的实际效果，改善了线下带看环节的效果，有效提升了带看效率。VR 重塑线上，AR 改造线下，从消费者体验入手，深度理解产业链条的场景，用有温度的技术重塑场景体验，用"杀手级"的终端产品和全新购房体验实现行业改造，创造源源不断的"单"产生的吸附力。为了增加"单"的分量，贝壳找房除了涵盖经纪平台、租赁平台、新房平台等核心模块，也纳入了装修、家政、搬家、维修等一系列生态化服务业务，让"人"与"单"高度匹配，彼此辉映，相互促进。

（2）贝克找房的裂变之速

贝壳找房两年半的快速发展绝不仅仅因为借力了链家打下的流量基础，而是以"人"为中心搭建了一套社群裂变的体系，贝壳的经纪人基本都做了基于微信个人号运营、朋友圈运营、社群运营、公众号运营、腾讯直播（看点直播）运营、视频号运营、小程序运营、企业微信运营等全面渠道布局，使自身的用户在不同的社交场景下产生对房子的欲望，并且在社交媒体的信息传播闭环中完成最终预约和线下的看房购房。

在贝壳找房的数字化转型中，用户画像作为"大数据"的核心组成部分，发挥了独特的作用。2018 年 11 月 16 日，贝壳研究院升级 RealData 房地产大数据，发布 2.0 版本，用独家大数据勾勒购房人群画像。RealData 的购买用户画像，不仅涵盖了学历、工作、年龄、收入、贷款等基础用户信息，还对用户的居住地、工作地进行统计，对用户过往的交易行为进行还原，帮助判断潜客的目前所处的住房生命周期、判断潜客的来源和实际需求，通过精准的成交房／客的画像让供需双方得到最佳的匹配。

与此同时，贝壳找房通过立人设、找背书、广覆盖和精触达的持续内容输出，通过与稀缺 IP 世界杯、央视国品计划、女排代言人的合作，奠定了值得信赖的品牌形象。贝壳找房还借助与《奇葩说》《妻子的浪漫旅行》《演员的诞生》、国内首档明星找房真人秀自制综艺《好房帮帮忙》，以及北京卫视和东方卫视综艺节目等头部

综艺的联合，获得了超高流量，并将贝壳找房的产品、技术、品牌进行了有机植入，以高品质、高调性的内容完成对消费者心智的全面占领。此外，贝壳买房专设了内容运营岗位，负责贝壳房产内容生产和包括导购类、知识类、资讯类、互动社区类、多媒体类等内容产品的运营策略。

在房地产经纪领域，贝壳找房毫无疑问是最大的"价值观输出"公司，也是从价值观受益最大的公司，这才是贝壳速成谜之底蕴。2004年底，链家董事长左晖提出"透明交易"，推行买卖双方见面并共同签署"三方协议"的经营方式，率先进行自我革命，杜绝灰色交易。自此，房地产透明交易成为行规，链家也乘势崛起，实现了逆势增长。贝壳买房通过文化和价值观影响经纪人的作业行为、作业方式，帮助他们做好业务，通过价值观来约束和激励行为，强化服务标准，把过去成功的价值观向同行输出，帮助他们提高效率、改善经营，完成了生产力的跳跃，裂变加上文化价值的翅膀才真正起飞。

2. 贝壳找房的重构与再造范式：S2B2C 产业路由器模式

不可辩驳的事实是，房地产已经从高速增量时代进入低速存量时代，这也是贝壳找房这样的房产服务市场的典型代表崛起的经济大环境。干掉对手或收购他人的竞争模式或征服模式，在产品同质化和高度碎片化的房地产中介市场，让增长无以为继。产业路由器模式，发现的是价值洼地，利用的是数字时代凡有闲余，皆可共享，因为物联网的技术手段可以确保每一个贡献体的精准绩效评估。每一个企业（房地产中介公司）的客流、商品流、资金流、订单流中都有大量闲置的用户资产、库存资产和资金，每一个个人（包括房产经纪人）都有大量的时间资产、社交资产、消费资产（如积分）、IP、思想、劳动力，所有这些资产在产业链上都存在大规模的闲置，所以盘活存量、重构产业链大有可为，万亿产业的新大陆唯有在改变商业交易关系地图后被发现。

产业路由器模式搭建的是一个"商业生态系统"。事实上，包括平台在内，任何一个商业实体都置身于一个错综复杂的价值交互环境中，企业与其所处的环境之间相互作用，彼此关联所形成的生态催生了"零边际成本"商业的繁荣，需求侧规模效应和供需两端网络效应的凸显，使得平台成为数字时代很多领域最重要的商业模式。产业互联网改造的是行业的生产方式和行为，不同于消费互联网的赢家通吃，是和谐共赢，是赋能和融合，谁也替代不了谁，在生态

链里共生共荣。产业路由器的本质是打破现有的生产、流通、消费割据分离的状态，打造一个全息化、智能化、社交化的产业平台，重构交易链条，实现上下游的产业协同，把消费侧和供给侧的数据全面打通，不仅仅是提升效率，更能带来显性的对用户价值的提升，从而带动用户对供给的信赖和选择（见图 4-8）。

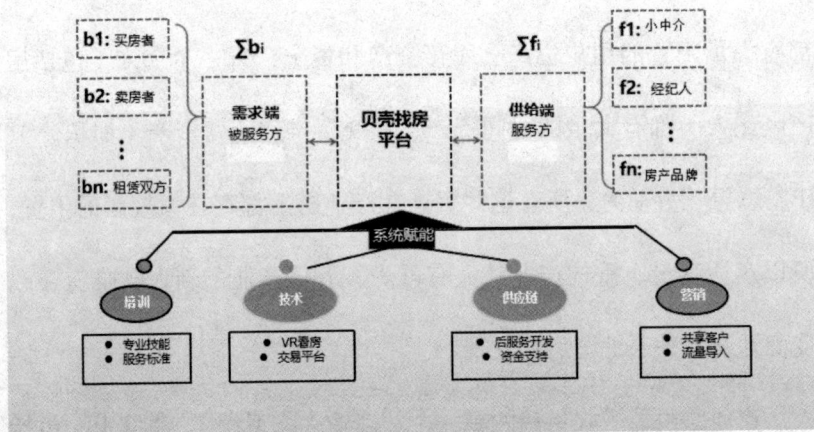

图 4-8　贝壳找房路由器

唯有了解产业痛点，拥有产业资源以及心怀产业抱负，跳出企业经营和内部管理问题以及单独一个企业的供研产销运营问题的局限，把眼光投放到企业的产业结构上，把竞争者重构为客户或者合作伙伴，这样的传统产业起家的企业才有可能在产业互联网时代成为引领互联网新的创新浪潮的最大主力军。贝壳找房从过去的竞争对手房地产中介公司的流量入口切入，先付出，给予，把单边市场变成双边市场，通过共享客源和共享房源，提升整个行业的效率。

3. 贝壳找房 S2B2C 重构下的数字化转型路径

产业互联网的本质是重新架构了线下业务，对人、货、场做了价值呈现的颠覆，最终让消费者得到更好的消费体验。产业路由器大致有四个模块，包括新零售、新供给、新服务、新平台。通过这四大模块，赋能高价值环节，对代理商、经销商、门店、集成商、服务商不是按传统电商逻辑采取干掉的方式，而是尊重这些环节的价值，当判断这些环节无法逾越的时候，企业就要利用这些环节的存量，挖掘已有的流量，对它进行赋能和共享。产业互联网的特征就是其服务链条更长，参与者更多，需要时间、决心来完成数字化转型（见图 4-9）。

（1）产业链分析，找到平台双边参与者

相较于传统的线下点对点服务，中间商利用信息不对等来赚差价，人们更愿意尝试数字服务。移动房产服务行业快速进入线上时代，各大行业巨头都希望以平台化和标准化革新行业标准，使得行

业内竞争力增大的同时也带来了重大机遇，贝壳是第一家做到了把依赖重度服务的复杂交易数字化重构了的公司，更厉害的还是实现了平台化。在移动房产服务这个行业里，主要有卖家/出租方、买家/承租方、房产经纪人、中介公司这几个角色，平台想要快速成长，就必须满足"卖家多卖钱，买家少花钱，经纪人多赚钱，中介公司提升知名度"这四种利益诉求。贝壳买房清晰地界定出这四方的痛点和需求，将房产经纪人、中介公司锁定为供方，将买房和卖房锁定为需方，搭建了一个全新的提升供需双边精准匹配效率的赋能型平台。

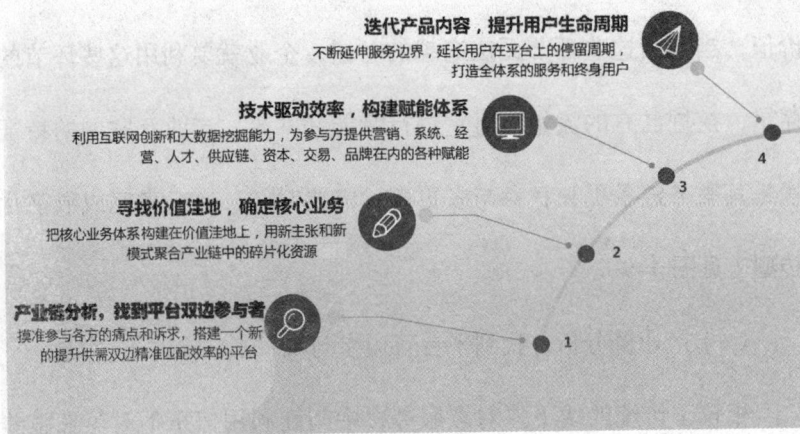

迭代产品内容，提升用户生命周期
不断延伸服务边界，延长用户在平台上的停留周期，打造全体系的服务和终身用户

技术驱动效率，构建赋能体系
利用互联网创新和大数据挖掘能力，为参与方提供营销、系统、经营、人才、供应链、资本、交易、品牌在内的各种赋能

寻找价值洼地，确定核心业务
把核心业务体系构建在价值洼地上，用新主张和新模式聚合产业链中的碎片化资源

产业链分析，找到平台双边参与者
摸准参与各方的痛点和诉求，搭建一个新的提升供需双边精准匹配效率的平台

图 4-9 S2B2C 产业路由器数字化转型步骤

（2）寻找价值洼地，确定核心业务

二手房交易的典型窘况，一方面是每个房产中介机构所掌握的房源有限，其中不乏一些中介机构会上架假房源，以此来吸引流量，而因为交易过程是一个单向链条，赢家通吃，随时可能被跳单，一旦被跳单，往往前功尽弃；另一方面，房产经纪人在短期职业状态下与交易方存在典型的单次博弈情境，为追寻短期利益最大化，往往遇客即宰，宰完换行，导致房产经纪人口碑极差，这就是让经纪行业处于崩溃的边缘急需填补的价值洼地。此外，线下数据也是不该被互联网遗忘的价值洼地，这是真正的场景数据，实体店永远不会消失，人必须在实体空间存在和生存，这是数字经济无法颠覆的，把线下分散的人类消费场景的数据集中起来，企业就能拥抱指数增长般的黑洞效应。而贝壳买房的两大核心业务体系就是构建在这样的价值洼地上，首先，让房源变得真实，变成需方信赖的平台，形成品牌性流量流入，获得规模可观的平台用户数。其次，改变房产中介和房产经纪人的服务模式，从竞争模式转为协作模式，从价格维度的成交导向向服务维度的客户导向进化，最终提升用户转化率和用户客单价。

（3）技术驱动效率，构建赋能体系

贝壳主打以技术驱动房产服务行业，专攻房产大数据、VR 等领

域，这是传统中介公司不具备的能力，大数据系统选房对的概率是47.2%，远超经验丰富的经纪人，这足以证明大数据技术给房产服务行业带来的效率突破和转变机遇。在互联网向物联网迈进的交界点，贝壳找房以"楼盘字典""VR看房""7×24小时循环验真系"等产业互联网领域的技术研发、产品应用创新的真金白银的投入构建房、客、人与其他生态的连接闭环，通过对房源的上架、展示、下架进行全生命周期管理，实时比对42大类房源的特征，捕捉房态信息进行辨别，经过智能数据模型测算，对全量房源进行精准打分。一旦出现疑似问题，通过A+系统调度经纪人，及时对静态和动态信息进行维护更新，包括其他经纪人交叉验证、和业主多方确认、专业摄影师上门勘察等，这样的互联网创新和大数据挖掘能力让贝壳找房成为行业内少有的具有自主研发技术的高科技企业，为中介机构和经纪人提供营销、系统、经营、人才、供应链、资本、交易、品牌在内的八大赋能，帮助服务者提高了服务品质，提升了运营效率。

（4）迭代产品内容，提升用户生命周期

贝壳找房在每个阶段的核心目标都十分精准，前期先完善平台基础功能，如找房、估价功能、拓展更多的城市，提升终端门店的城市覆盖率，中期推出新的变现业务"贝壳装修"提升用户在平台上的生命周期，达到较稳定阶段后，利用其在大数据和 VR 等技术上的优势，增加地图找房重心算法、更多关键词搜索筛选、精准推送来不断优化用户体验和经纪人的服务体系。贝壳找房不再将门店定义为房产交易场所，因为房屋买卖租赁是一个低频的、低温的使用空间。贝壳通过数字化将数字空间与物理空间实现连接和重塑，为周边居民提供力所能及的便民、助民、公益服务，和周围社区流量产生更多的交集，加速了线下中介的模式迭代空间。贝壳找房在生活服务领域的探索，侧重于对周边社区的运营服务，甚至选拔服务意识强的经纪人成为社区运营官，为社区居民提供专业的信息服务、社区活动服务，围绕"居住"展开的所有细分链条都可以通过一个开放、技术驱动的平台串联起来，最终形成满足用户全部的居住相关需求的内循环、新生态。

在商业模式重构和组织模式再造范式中，我们可以清晰地看到两条主轴（见图 4-10）。第一，科技。科技是数字化转型的重要支撑，借助数字科技实现业务和管理的线上化、数字化、智能化。数据将成为企业的核心生产要素，经验决策向数据决策转变，权力治理向数据治理转变。数据将成为企业领先优势的关键因素，数字化能力将成为企业发展的核心竞争力，以数据为核心，进一步梳理交

易结构，重新构建数字化商业新模式。第二，服务者。服务者是数字化商业模式的核心构成，数字技术使得服务者跨越了组织边界。企业要学着适应并习惯把昔日的竞争对手变成合作伙伴，不是通过行政命令去要求，而是通过协调、沟通、互动、认同来落地各种规则，一起成为满足用户多元化、个性化需求的服务者。企业因科技而变平台，让每个相关者都会成为这个网络的一个节点，各节点之间信息透明、共享，让行业形成良性发展，让用户能够得到效率和体验层面的双提升。

业务和管理的线上化、数字化、智能化，数据成为企业的核心生产要素

科技

服务者

用生态手段把竞争对手变成合作伙伴，用数字化体系评估赋能服务者专长，让行业良性发展

图4-10　范式支撑主轴

　　传统企业的数字化转型自我革命，往往难见成效。其原因在于：没有掌握产业互联网撬动礁石的杠杆。在重线下，规则复杂，流程漫长的消费互联网上半场巨浪席卷之下，要破局，就得抓住碎片化、分布式的服务者。因数字技术而被赋能了的专业个体，将会变得越

来越重要。当把服务者变成客户，就如同贝壳找房坚信经纪人一定是未来的核心竞争力，门店大小、位置好坏固然重要，但相比之下，优秀经纪人的数量才是店面最大的竞争力，而如果想增多该群体的数量，就必须保护经纪人，同时赋能经纪人，在整个组织架构上形成对经纪人的整体支撑、复制、服务体系，以大家结成服务者同盟，共建、共管、共治，创造出快捷有效的数字化客户关系，数字化就不再是产品的差异化的关键要素，而是要成为客户关系的关键性依托。

结合以上三种重构范式，商业模式在数字时代的创新落地主要在于"人的重构"：

第一，人的角色重构，员工用户化，用户员工化，打破角色的人设桎梏，一个人的职能、职位的多元化让商业网络更有张力；

第二，人的能力重构，员工创客化、CEO化，在各类平台的不断赋能之下，能力提升，拓展，跳出岗位、岗级的限制，用全面的经营思想和能力，获得自身潜能的爆发；

第三，人的价值重构，用户终身化，从更长的时间维度去挖掘、提升一个人的价值，并用数字化来表达价值。

当基于人的数字化的组织架构进化和组织模式再造完成时，商

业模式的重构就会释放三种全新的交易力量，因打破行业之墙获得开放之力，因全心同心为用户获得价值观之力，因技术赋能同行获得平台公信力。有些大公司在没有找到适合自己的转型道路，就在富有开拓精神和领导力的 CEO 带领之下，野心勃勃地进行数字化转型。例如，早在 2011 年，通用着手对公司进行一系列的数字化改造，通过在产品上植入传感器、搭建物联网平台，来改变工业产品的传统销售模式；玩具公司乐高提出了数字设计师的计划；运动品牌耐克设置了自己的数字硬件设备部门；奢侈品牌巴宝莉打出的口号是"要成为全球最佳的数字奢侈品牌"；福特公司重金投入数字化转型。遗憾的是，这些数字化转型虽然得到了媒体和专家的肯定，但企业也耗费了大量的财力和人力，导致公司成本大幅增加却没有换回业绩的起色和相应的利润回报，投资者不买账，最后公司的股价反而受到拖累。也因此，作为没有大公司实力条件的中小民营企业必须找到一条适合自己的不烧钱、少烧钱的数字化转型道路。

第五章

数字化转型路径及最优成本方案

一、数字化转型路径分析

对于企业很重要的两个指标就是效率与成本，而效率的提升离不开数字化。数字化不是简单地把商品信息放到互联网上，而是要完成商业模式和组织模式的变革。数字化转型中商业模式和组织模式的变革不可分割，通过内外部交易关系和组织关系的调整，借助新的、更有效率的互联网信息技术手段，以全链路的连接与打通的意识，实现企业各个系统之间的实时打通以及企业外部要素资源与企业的有效链接，使企业的发展融入全社会、全产业链的互联网环境当中，摆脱系统对人的约束，达到降本增效的目的。

作为技术驱动的新居住品质服务平台，贝壳找房算是首批数字化转型先锋队中的一员，它紧紧围绕"数字新居住，产业共生长"的组织重塑，以助力中小企业数字化升级改造走出了一条独特的数字化转型之路。黑石集团创始人苏世民说："解决问题的途径通常在于你如何解决别人的问题。"贝壳找房在 3 年内向超过 5 万家中小房地产经纪企业 100 万从业者免费提供 VR 带看、VR 讲房、AI 设计、网络直播看房等数字化作业工具，每年免费提供超过 500 万套数字化 VR 房源信息，免费提供数字化办公软件 link A+ 和远程办公服务。更重要的是，它还为行业培养和输送具备数字化运营管理能力的企业管理者，免费向中小房地产经纪企业员工开放贝壳经纪学院超过 160 门线上培训课程。所以，本文以贝壳找房为例，探索基于商业模式重构和组织模式再造的全面数字化发展之路，让企业树立长期大数据积累与平台技术迭代的定力和信心，在所属行业内构建起"数据 + 算法 + 算力 + 场景"的智能全景，加速实现大数据与所处产业的融合，基于组织重塑来成功完成数字化转型（见图 5-1）。

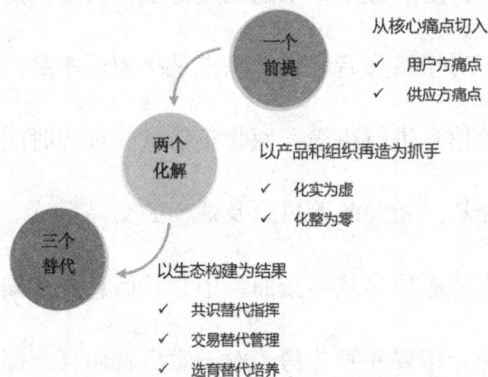

图 5-1　基于组织重塑的数字化转型路径

1. 数字化转型的一个前提：从核心痛点切入

每个行业业务迥异、数字化转型的需求就更是千差万别，即使同属一个行业，不同企业也面临着不同的痛点和挑战。数字化转型必须不断深入到行业的生产、销售、市场、运营、供应的决策系统中去，理解关键业务场景转型的需求，填补传统业务场景与数字技术应用之间的"巨大鸿沟"。技术始终是支点，但客户的核心需求在业务本身，如果没有能识别出关键业务场景的真正痛点，最后的结果必然是南辕北辙。从核心业务痛点切入，是数字化转型必须坚守的前提。

（1）用户方痛点

在房产服务行业，房子是高价值产物，买与卖都应该是慎重的，买低卖高又是永远的博弈，房产波动带来的偏差让最佳出价只能是买房或买房各自的遗憾。对于买房者来讲，痛点是决策成本高，一方面买房需要收集足够的信息进行决策，而收集信息的过程时间成本极高，且要应对后续交易的相关政策风险及烦琐的交易手续。另一方面，市场现状是虚假房源居多且不全面，中介靠信息差欺骗购房者获取利润，买方与中介需要斗智斗勇。对于卖房者而言，痛点也是决策成本高，一方面发布房源的成本高，卖家需要调研评估房子的市面价值，需要筛选可信且低成本的信息发布渠道；另一方面，需要配合接受多个买家进行看房，需要处理交易环节相关的手续。买卖双方都愿意付出一定的经济利益获取以上痛点的完美解决。中介收取 2% 的服务费，让交易变得简单便捷，这个服务价值用户是认可的。

（2）供应方痛点

从宏观层面来看，整个房产中介市场极为分散，中小微中介企业占据了过半市场，中介行业痛点太多，天花板明显，抗周期风险能力差。贝壳找房之所以增长如此之快，正是抓住了没有品牌的中小微中介机构缺房源，缺客源，缺专业服务能力，买卖双方匹配成本高，成交效率极低，无法达到规模效应，所以固定成本和变动成本很高，抵御行业周期性风险能力很差，亟须结盟贝壳找房这样的超级平台。在后者助力赋能下，实现服务的升级、转型，突破业务增长的天花板，破解因房产中介门槛偏低、从业人员素质不高、市场鱼龙混杂、经纪人之间恶性竞争、行业无序抢夺资源、内耗严重、消费者怨声载道等痼疾，挽救久而久之所形成的被社会冠以"黑中介"名号的整体行业口碑信誉风险。

（3）如何抓住核心痛点

贝壳找房对产业的改造，起点来自贝壳孵化的母体——链家，成立十几年来重视消费者体验。但贝壳找房的重点是产业的数字化，瞄准的是供给端的生意，重视服务者体验，这就要将人、物、服务连接起来，抓住产业中的核心痛点，重塑整个行业的供应结构和商业价值。贝壳找房对四个关键要素的把握让这种价值以最有效率的方式传导到行业内的每个角落（见图5-2）。

图 5-2 痛点抓取四要素

① Who，面向的是什么企业。贝壳找房服务的是小 b（经纪人）和中 B（经纪公司 / 中介公司）。其实，早在 2014 年，爱屋吉屋就看准了服务者的进化是行业发展的圆心，高调杀入互联网经纪，以

放弃传统门店、高额补贴、鼓励经纪人"飞单"的纯线上作业模式，一度瓜分了众多一线城市房产经纪市场的大块蛋糕。但很快，由于缺乏线下实体门店的支撑，经纪人得不到发展，爱屋吉屋的经纪人资源迅速流失，线下房源增长缓慢，市场占有率出现断崖式下跌，最终于 2019 年 2 月停止运营，退出市场的舞台。

与爱屋吉屋的思路截然相反，脱胎于链家的贝壳找房对行业的理解显然更加切合实际，深刻理解线下门店对于经纪人在整个交易流程中的重要作用。因此，贝壳找房的思路并非以线上服务完全代替线下服务，也不是单纯服务经纪人群体，而是为所有服务者赋能，包括门店、经纪人、经济品牌，不放弃任何孤单薄弱的力量，通过确立标准调动所有参与者协作，通过数据沉淀搭建信用管理体系，通过新技术手段挖掘、提升线下服务（人和场）的价值，打造线上与线下的闭环，从而推动整个生态正循环。

② Where，面向的是企业的哪个业务环节。贝壳找房董事长左晖在 2020 年初透露，未来的核心关注点是经纪人的成长。这个成长会直接体现在收入指标上。

让 60% 以上的经纪人年薪过 10 万元，10% 精英经纪人年薪过 80 万元（精英社门槛），同时希望贝壳帮助 2 万间门店达到中产线，即年

GMV（成交总额）1亿元以上，到2025年90%以上门店越过温饱线，即GMV达到5000万元，通过数字化将数字空间与物理空间实现连接和重塑，最终解决的是居住服务进入品质新发展阶段的销售拉动的问题，在收入和业绩指标上完成验证。

要适应新居住时代的居住需求和供给匹配会发生的深刻变革，第一，良好的基础设施建设必不可少。基础设施建设是企业改善服务品质的核心支撑，无论是依托楼盘字典的真房源体系，还是在交易服务的制度设计、流程设计、服务者信用等方面的构建，以及从数据的标准化到体验的线上化，再到服务的智能化，人工智能、5G物联网、VR看房等智能化成为贝壳找房赋能行业新基建的内容。第二，服务者的职业化必不可少。好的服务者将享受个人溢价，并形成个人品牌，贝壳找房通过切入服务者知识水平、专业技能、服务标准、诚信水平，助力服务者发展、服务者职业化加速，从收入成长、认同感等方面激励经纪人，帮助其在门店达到长期留存，实现服务者价值的全面崛起。

③ What，面向这个业务环节，企业有什么样的痛点和需求。"品牌、用户都是你自己的，只是让你变成更好的自己。"可独善其身，又能借力发展，这是绝大多数中B（店东），小B（经纪人）愿

意进入贝壳生态的重要原因。房产服务机构、服务者之间彼此孤立，力量单薄，公司要想更快更稳健地发展，必须依靠更强大、更智能的系统支持，需要专业化的人才培养体系，突破在门店管理和人员管理上的瓶颈。传统经纪公司单靠自己的实力做不了数字化，也做不到规模化数据采集和重建。贝壳找房依托链家手中的信息全部大数据化后有真房源、有 VR 看房，客户在线看就对房源信息清清楚楚，节约了个人和机构的大量时间，让工作效率翻倍。依据摩尔定律，VR 拍摄的房屋数量越多，硬件和算法成本越低，每天拍摄一万套的话其实成本非常低。贝壳找房为合作企业提供包括营销、运营、人才、供应链、系统、品牌、交易、资本在内的八大赋能，菜单式定制服务，直击小微房产中介生存和发展痛点。贝壳找房以规模化成本优势和专业化的行业经验优势，让房产机构和经纪人通过 ACN 合作网络打开资源，让用户流入，一改过去单兵作战、恶性竞争的局面，最终获得了更大的利益：业绩方面得到了稳步提升，线上能力有了质的飞跃，管理水平也大幅提升。

④ with Whom，要联合什么样的合作伙伴，如何协同来解决业务的难题。产业 B2B 平台的关键切入资源有三个，分别是产业资源、IT 技术和资金资源，三者缺一不可。除去华兴资本，贝壳找房的资

本天团中还包括融创中国的孙宏斌、新希望的刘永好，以及软银、红杉、高瓴等知名公司。综合雪球、企查查等公开渠道数据，链家进行了 A 至 C 轮的战略融资，后续链家脱胎出贝壳找房后，又进行了 D 轮、D+ 轮融资，总融资额接近 380 亿元。其次，在中 B（店东）和小 B（经纪人）之外，贝壳长期图谋成交体量占半壁江山的大 B，未放弃与开发商打交道的新房领域。2015 年 5 月 19 日，链家 100% 全资收购代理商高策机构。高策和链家合并后，贝壳为开发商提供线上流量入口、策划及案场能力、二手经纪人体系、渠道整合力量和年按揭引荐超 1000 亿、资金业务超 200 亿元金融服务的全线服务。最后，在核心赋能力的打造上，贝壳拥有 2000 多名工程师，有一半以上都在为产业流程的优化服务，正是这些基于行业一点一点推进、重构而成的流程，使得贝壳找房能够重塑产业链，打造新的行业基础设施，推出 VR 售楼部、租房及二手房在线签约、线上贷签和资金存管等功能，这意味着贝壳找房走完房产交易线上化的"最后一公里"，实现了房产交易数字化闭环，如视 VR 技术的不断迭代，用技术真正全面赋权消费者，赋能合作企业。

传统企业必须吃透这四个"w"，才能抓住关键业务场景的本质，才能与企业内外利益相关者协同，特别是调动行业内无数个小微的力量一起去推动业务系统的数字化转型。

2. 数字化转型的两个化解：以产品和组织再造为抓手

数字化转型是利用数字技术进行全方位、多角度、全链条的改造过程。通过深化数字技术在产品、运营、市场、营销、技术、管理等诸多环节的应用，实现企业以及产业层面的数字化、网络化、智能化，不断释放数字化转型对企业发展的放大、叠加、倍增作用。产品的数字化再造和组织的数字化再造是实现转型质量和效率的重要保障，也是传统企业深化供给侧结构性改革的重要抓手。

（1）产品的数字化再造：化实为需

谢弗尔和大卫·索维在《产品再造》一书中明确提出，将来的产品是智能互联的产品，产品将是支撑行业转型的核心。未来，数字化转型的核心在于产品的重塑和再造。脱胎于链家的贝壳找房，经历了数次争议与质疑，是产业互联网领域的"明星公司"，不仅因为其商业模式从重转轻，公司生态从中介转向平台，更因为其产品结构的化实为虚，实现了房产交易服务数字化闭环的转型（见图5-3）。贝壳找房的楼盘数据库"楼盘字典"实现了真房源楼盘数据线上化，以433个字段精准定义房屋属性，同时结合7×24小时房

源验真系统，从技术上保障了"真房源"的实现，把线下可能虚假的房源变成了线上无欺诈的"真房源"。除了为客户提供真实的房源和透明的房价外，还提供房源历史成交数据、价格变动区间、房间户型图等所有帮助购房者有效决策的因素，依托互联网对数据进行标准化管理，实现信息的无差别共享。在真房源的基础上，贝壳找房已成为居住领域 VR 服务公司，对超过 400 万套房源进行三维重建，并实现了 VR 在产业端的大规模应用。比如，VR 房源能够有效还原出真实房屋的细节，让用户实现在画面中的自由游走，还可以通过 VR 看房、VR 讲房、VR 带看等实现沉浸式智能看房体验。

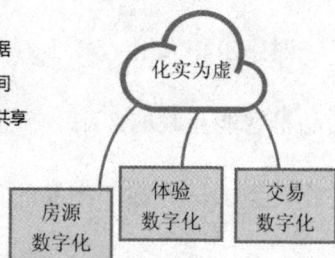

图 5-3 贝壳找房的化实为虚

传统企业真正的生产资源以及生产资料已经不仅仅是实的物料了，生产的所有核心都是围绕企业所获得的历史数据、根据经验及实践所建立的模型以及从客户侧获得的各种各样的个性化指标，用一套完整的数据链条驱动业务，使企业得以更加灵动适应消费者的弹性需求，也更好地应对市场变化。未来企业必须要重视为用户提供解决方案，有形货物、硬件产品，只是承载个性化解决方案的手段和工具。企业要强调拥有终身用户，就是为了应对用户需求的及时变化持续迭代。而只有实现产品的数字化、业务的数字化，实现数据在线，才能用数据分析驱动业务改善，无止境地去求解满足用户的个性化美好生活需求，只有通过数据产生业务观察，打破传统产品的边界，从工业场景转变到社会场景，从用户使用某产品的单一场景扩展到了用户生活的整个生态，通过数据驱动整个企业商业和业务模式的转型，最终实现精益运营或者业务增长。

（2）组织的数字化再造：化整为零

现如今，企业内部都在向知识型方面发展，为了适应这种变化，必须调整其组织结构和管理机制。商业的趋势是"小而美"的存在，主张企业化整为零。小企业更能适应信息社会的多样性、非标准化的需要，通过重组、外包、雇用短期劳动力的方式实现缩小规模。

贝壳找房推出 ACN 合作模式，即经纪人合作网络模式（见图 5-4）。

图 5-4 贝壳找房 ACN 经纪人合作网络角色

在 ACN 模式下，过去的房产中介的交易行为在卖方的服务中被细分为以下五个角色。

①房源录入人：把房源信息录入 ACN 网络的人。

②房源维护人：维护房主关系，预约房东看房时间的人。

③房源实勘人：给房源拍照、录视频、上传实景数据的人。

④委托备件人：把委托书和交易相关信息上传到系统的人。

⑤房源钥匙人：保管钥匙的人。

房源维护人因为和业务的深度互动关系，也最可能是房源钥匙人。

而在买方这一侧的服务中也被拆解为五个角色。

①客源推荐人：第一个获得买方信息、接触和引入买方客户的人。

②客源成交人：最终让客户签约、主导交易完成的人。

③客源主攻人：辅助成交人带看房，配合完成交易的人。

④客源首看人：第一个带成交的客户去看房的人。

⑤交易 / 金融顾问：专业帮助买卖双方完成签约、贷款，甚至垫资等交易手续的人。

这些角色未必在每一笔交易中都出现，在 ACN 网络发展初期，甚至定了一个强制设定：在佣金分配系统里申请一笔交易涉及的角色的时候，最少要填 8 个不同的人，少于 8 个，系统会自动否决，拒绝申请通过，也就是等于把交易流程强制性拆分成十个相对独立的交付环节，在线记录每一个环节发挥的功能，每个环节分享一个约定的佣金分配比例，从而发挥每个经纪人的优势，并让经纪人之间的合作成为可能。

互联网海量节点的连接与协作，加速革新着整个社会的协作方式，让身处网络中的每个角色都能获得红利，且连接的节点越多，网络的价值就越大。这种情况，在经济学中被称为网络效应。数字时代，企业要把组织拆大为小，增加节点，化整为零，功能细分化，角色多样化，增加节点的交互。很多传统行业没有采用数字化营销思想，依然和互联网倡导的网络效应背道而驰，在一单交易中，只有最终签约成功的人可获得提成，再加上由卖产品到卖解决方案的交易成交难度大，价格高，加剧了企业之间的恶性竞争，行业的无

序竞争让整个产业的用户体验极度糟糕。企业数字化转型就需要把业务流程做模块切割，职能细化，专业划分。比如营销流程，将一张单子切分成多个协作角色，基于交易角色的不同，进行业绩分配，搭建一个多功能、多角色的合作网络，不仅提升了供需匹配效率，还保障了参与者热情的稳定性，让产业中的所有伙伴将所有精力用于满足客户需求，进而推动行业品质的提升。

（3）化解的路径

化实为虚，化整为零，需要产业思维，尊重既有的产业逻辑，进行产品再造和组织再造，用技术进行赋能，一点一点地改造产业中的每个环节，进而实现产业和互联网的融合（见图5-5）。

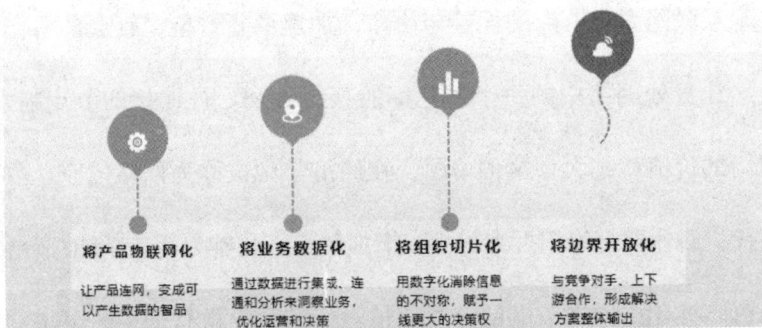

图 5-5 化实为虚和化整为零转型步骤

第一步，将产品物联网化。就是让产品联网，变成可以产生数据的智能品，或者让每一个产品只有一个编码，且附带关系着用户体验和感知的各种字段信息，要把所有的要素、产品变成一套完整的账户体系，包括企业内部的各个用户和企业外部的各个用户，包括消费者和产品。因为在数字化管理模式下，未来的管理基础是基于用户、产品的账户体系构建的管理模式。在丰富的数据内容基础上，了解用户，识别用户，锁定用户，明确需求来源，才能开发出基于产品组合的个性化的解决方案。

第二步，将业务数据化，主要指流程的数据化，这就倒逼 IT 系统的优化和完善，从 OA 系统、CRM 系统，到 ERP 系统，从以往的线下模式，传统手段、方式，转型线上模式，完成新的线上营销体系的构建，企业通过数据进行集成、连通和分析来洞察业务，优化运营和决策。随着数据的不断沉淀，根据客户行为反作用于业务流程，进行多方位的立体预测，形成推荐引擎，运营的效率自然会开始提升。

第三步，将组织切片化，首先压缩层级，成为系统—节点—细胞三级，用数字化消除信息的不对称，赋予一线更大的决策权。比方华为的铁三角，韩都衣舍的三人小组，都是构建面向市场，可以对客户需求作出快速反应和满足的最小作战单元，或者像贝壳找房一样，将一个角色的功能拆分为到最小单位，进行动作分解，划分

得越细，供需匹配就越精确，网络价值就越大，这样会吸引更多的人参与进来，形成高度协作。

第四步，将边界开放化，企业的供应链模式发生变化，由目前的供给型供应链模式变革为需求型供应链模式，考虑与其产品有特色的竞争对手合作，形成"解决方案整体输出＋产品整合营销"的战略合作伙伴关系。这样做，一方面可以弥补自身产品的局限和能力的不足；另一方面，可以在一定程度上减少这些竞争对手的转型欲望和直接利益冲突，巩固企业在数字经济下新竞争格局中的地位。

3. 数字化转型的三个替代：以生态构建为结果

数字化转型需要以战略为引领、客户为核心、构建数字化 BI 分析的业务运营生态。传统企业需要通过数字化体系，重构上游供应商、下游经销商和消费者之间的多元关系，搭建一个生态和联盟体系。数字时代合作伙伴对企业非常重要，企业要定位做树根和树干，打通主干环节，至于树枝、树叶，需要合作伙伴来扮演，一同来承担。毕竟在数字化升级的过程中，一家企业的力量过于单薄，集合更多的力量才能完成 B2B2、B2C 的全链路打通，做更大的事业。

（1）共识替代指挥

重塑产业的前提是价值共识。疫情加速了企业数字化转型的预期，实现了"从分歧到共识"的转变。随着区块链助力企业数字化成为共识，区块链技术作为企业数字化转型的加速器，帮助企业将数据共享，数据确权，数据资产化，数据资产流通化。因区块链有去中心、不可篡改、可溯源等特点，通过实现这些信任、提供透明度和减少业务生态系统之间的摩擦来重塑行业，从而降低成本，提升效率和管理。这一共识，决定了企业的数字化转型对最新数字技术的应用以及用共识机制来实现生态治理，而不是靠强权指挥。

马斯洛认为，"对杰出团队的观察研究表明，它们最显著的特征是具有共同愿景与目的"。有共识的团队目标，可以发挥成员内在的潜能，促进团队的沟通，它以人为本，尊重个人，激发每个人自动自发的工作意愿。现在盛行的社交营销、关系营销、裂变营销本质上是以员工或用户共识的价值观为基础，以确立品牌文化和认知意愿寻求合作伙伴所接受的价值信念为立业之本。传统房产经纪行业是"旧大陆"，游戏规则是虚假房源导流、快速成交优先，但贝壳找房相信，真房源才能让买卖双方达到合作共赢，所以致力于让更多的商家与用户移民到"新大陆"。当然，线上化体验和服务竞优也逐

渐成为房产经纪行业的共识。在这样的共识下，一批愿意向上、向善的"清流"型的经纪人就会主动靠近能够在技术工具和能力上赋能的可信化平台。所以，贝壳找房的打法与海底捞并无差异。首先，提升服务者的职业尊严；其次，基于承诺的倒逼机制，从内而外地提升服务体验，形成良好的消费者口碑，让口碑带来更多的客流从而提升收入；最后，品牌可以拿着更高的收入去牵引更多的服务者。这一套正循环机制可以让品牌获得长足的发展。

虽然笔者认为数字化转型是一把手工程，但不能仅靠一己之强权推动，是需要董事会和核心管理班子的认可和变革，并提出明确的指导指示，从简单技术升级到一系列技术、流程和组织的综合变化，自上而下的转型驱动，需要在各个层面对以下几个问题形成共识。

①共识比较优势：竞争对手正在做什么？我们可以领先吗？可以显著区别于他们吗？

②共识客户需求：客户还有什么痛点没解决？我们和客户、用户的互动方式发生什么变化了吗？

③共识市场机会：是否还有新的顾客群体可以沟通？是否在产业中有薄弱的没有被重视过的环节？

基于这些问题的共识，树立企业使命、目标和责任的联合声明，旗帜鲜明，师出有名，用更广泛、更深刻的价值共识来化解数字化转型中的重重障碍。

（2）交易替代管理

数字化转型需要强有力的组织来支撑，需要明确转型的责任主体，制定合理的组织业务目标，而这里的核心是要形成配套的考核和激励机制，建立以利益分享与绩效考核联动的数字化交易模式，以优化组织间的协作流程。贝壳找房区别于一单到底的传统中介模式，用 ACN 模式把经纪人的工作链条进行细化，把交易一套房的各利益相关环节进行分割，不同经纪人在每一个节点上付出的劳动都会有所回报，这样经纪人的合作就不需要管理的介入。

佣金是经纪人的主要收入来源，尽管早前行业佣金平均不过 1~1.5 个点，但左晖认定房产交易服务价值高，交易难，高价的房产成交效率非常低，相较于国外 5%~10% 的佣金比例，2.7% 的比例还算温和，所以建立"服务不打折，所以佣金也不打折"的交易规则。在北京，链家也敢为人先，2.7% 费率分毫不让，经纪人的佣金最高提成占比达 75%。而在此之前，传统中介经纪人的佣金提成不过 30%。直接的利益空间，让更多的经纪人对链家有了更高的黏性，

也更愿意主动跟随链家的脚步，遵守规则提升服务体验，这不是硬性管理可以追求的效应。另外，在交易关系中，因客源成交人最为关键，获得客源方总比例的 60%，而各流程节点的具体分配比例，各地方因人因案做灵活调整。贝壳找房在各个合作角色之间有着清晰的交易规则（见表 5-1）。

表 5-1 贝壳找房交易结算关系

平台方	房源方	佣金比例	客源方	佣金比例
加盟商	房源录入人	10%	客源推荐人	10%
	房源维护人	20%	客源成交人	30%
	房源实勘人	3%	客源合作人	3%
	委托备件人	3%	客源首看人	3%
	房源钥匙人	5%	交易 / 金融顾问	5%
8%	41%		51%	

据说，有一个最夸张的案例是，一套房产交易，因为有 13 个人参与协作，最后这 13 个人都拿到了佣金。这样的交易机制就是在鼓励大家的信任托付，大家干好自己最擅长、最喜好的环节，不啃拿不下的硬骨头，浪费精力时间，而是分工协作，达到效率飙升，系统最优。

企业文化是数字化转型成功与否的关键要素，要不断培养转型文化理念，激发个体活力，为员工营造好的转型环境，形成数字化转型的动力源泉。交易替代管理，要求打造的是创业文化，不再是执行力文化，每一个员工都是自己的 CEO，勇于探索，自我颠覆，持续变革，不是等待领导发工资，而是都面向市场，为用户负责，用订单和成交为自己支付报酬，以此获得增值收益。数字化转型就是要以价值贡献为核心深化资源配置改革，实现人员的能进能出，职级的能上能下，薪酬的能高能低，建立增量收益分享的数字化长效机制，持续优化内外部的交易分配机制结构，加大企业将有限资源聚焦到关键群体和生态伙伴的力度，打造数字化业绩对赌、认购的激励体系，建立以划小单元自主创业、自主经营的数字化增量收益分享激励机制，这样内外部人才都可以按照项目规模、拿单能力、市场贡献和效益考核，采取项目奖金、销售提成、专项奖励等清晰的交易方式来进行差异化考核、大规模协同。

贝壳结合行业特征，总结出成功的经纪人和品牌的经验，开启以共识、精神、情感为纽带"薪火计划"，构建了以合作作业为核心的"师徒制"新人成长计划。通过设计师傅的权益和荣誉体系，让资深的经纪人愿意"收徒"，手把手教新人作业细节和经验，用 90 天时间帮助新人成长为一名合格的经纪人。"薪火计划"计划明确提出，80% 的新人都要有一个确定的师傅，80% 的师傅要带给徒弟超

过 20 次的有效行程量。区别学院派教学，确保在实践中指导，60%以上的新人要能在 90 天内出师，确保"人"的产出速度，并制定了相应的标准规划、激励准则等，让"徒弟"能快速成长，也让"师傅"有所得，同时推进师徒制的透明化。这样清晰的交易机制，让经纪行业新人可以在真实的作业场景中得以快速学习成长，增强从业者的从业意愿与信心，从根本上改变规模效率难以提升、行业服务水平停滞不前、交易成本大等"有店无人"的行业现状，积累越来越多的优秀人才，让一个个优秀的师傅带出越来越多优秀的新人，实现薪火相传。

企业要用交易替代管理，简化管理，降低管控成本，可以分为以下三步走。

第一步，梳理业务流程，明确业务达成的关键价值环节和能力要素。切得越细越专业越好，如贝壳找房把整个交易流程细分为十个关键性环节，最核心的环节和能力是客源成交。

第二步，在每个环节确定关键角色人和权利收益。如贝壳找房的经纪人在每一个环节里都有相应的角色。每个人视自己的能力和资源不同，做职能归位，进行专业化、流水线的精细管理。同时又充分液态化，每一个人在这十个环节里根据自己的能力和偏好扮演一个或几个角色，灵活而弹性，满足人才的专业化和复合化成长诉求。

第三步，为权利收益合理定价，清晰角色贡献的量化和评估。收益产出完全挂钩，产出越大，收益越大，积极性越高。比如，贝壳找房客源方这一侧总共分享交易中介费的 51%，房源方这一侧分享交易中介费的 41%，平台留 8%，充分体现价值区隔，贡献大小，同时厚人薄己，对自己直营店的平台抽佣达到 16%，加盟商则是 8%，亲疏有别，有理有据。

（3）选育替代培养

数字化转型，对传统行业企业的人才提出了非常大的挑战。企业数字化转型或者搭建产业互联网平台需要的是既理解技术，又理解业务；既有自我领导能力，又有领导团队能力；既能有大局观，又有细节点的人。这样的人能培养出来吗？当然可以培养！房产中介的第一代职业经纪人依然在路上，他们是在长期交易实践和中国房地产长达二十多年高速发展的土壤中被熏陶教育出来的。但在数字化转型中，我们等不起。时代需要选育适合的人才和提供相应的转型服务和变革支持，能够让整个中国的房产职业经纪人再往前迈上一个新的台阶。当贝壳找房宣布，2020 年推出 10 万个应届生校招

offer（录取通知），对此，笔者认为贝壳找房是在造一个选育的池子，只有池子够大，才能分阶段筛选出并逐渐沉淀下具有专业知识、丰富经验的优秀经纪人。

选育替代培养，指的是企业必须为其所有的员工提供公平的竞争环境，通过公平的竞争，让所有的员工在企业中得到有效的能力开发与合理的资源配置，从而产生较高的知识经济效益。早在三国时期就有赛马机制，通过公平地赛马，才能发现良马。员工之间有竞赛，比学赶帮超，才是最优的人才成长路径。新生代人群已经成为职场主力，他们作为伴随互联网发展和信息爆炸的一代人，身上最明显的群体特征是自我意识觉醒、价值追求个性化、对组织依赖度低，用游戏化竞争管理，强调激励，习惯欣赏、接纳、启发等引导手段，抗拒权威和强权，重视自身的舒适感和体验感，只有自发自觉、自主自信才能主动积极地干好工作。贝壳找房通过游戏化职场晋级方式以金币值生命值为结算，定期排名，趣味晋升，内部竞聘，公开透明，撬动新生代职场乐趣、提升新人带教氛围、改善经纪人生存状态，让经纪人轻松地竞合性工作，在工作内容量化后自生长。

选育替代培养，是基于共享经济模式下，企业与员工的劳动关系必然宽松化，以"世界就是我的人力资源部"为理念，搭建开放的引才引智平台。

第一步，制定标准，测评盘点，建立别具一格的数字化人才能力模型，充分贴合企业的应用场景，反映企业自身的发展方向、战略意图、文化及价值观。同时，摸清企业的人才现状，在存量中发掘企业中拥有新思维、新理念、新视野、新格局的具备高潜质的数字化人才。

第二步，减少管理层级，简化和转变管理职能，防止各职能部门的简仓狭隘和资源争夺，避免企业内的利益集团和利益博弈阻碍人才的进入，也避免企业层级间造成新的信息不对称，下情不能上达，让人才的发展得不到信息资源、数据资源的滋养。

第三步，以"酬"代"薪"。企业的薪酬发放不再以现在"月薪"模式发放，而要转变为按任务达成，做到时时兑现，工作目标达成，相应的评价，薪酬的计算就必须即刻完成，人才随即得到应有的报酬，并且通过各种比赛把奖金分下去。由于人才提供者的短期性和不确定性的加强，将其视为产品成本的一部分，直接作为费用予以处理，将"薪"的概念淡化，"酬"的概念突出。

第四步，借力科技，打通内外部人才资源，以开放的人才生态

和智能的工作平台支撑企业的创新发展，将工作逐渐实现细分与分包，把优秀人才的剩余价"并购"进来。通过自动化实现人才共享的最大价值总量，让内外部人才在同一个数字化的工作平台上协同配合。一方面，不断做工作细分，任务定义，任务发包；另一方面，在全世界统筹人才的能力盈余。

综上所述，企业要真正完成数字化转型，价值重构是逻辑起点，也就是得有适应数字经济发展的愿景、使命、价值观，且不是自上而下地灌输，而是从小圈子到大圈子的扩散式共识。技术支撑是工具，也就是得有具体的数字化的手段、机制来让共识变成目标，变成行动，变成系统来承载商业模式的重构和组织的重塑。业务落地是内核，也就是选育出合适匹配的团队来实施、推动、达成数字化新商业模式和组织模式的全面运转。

二、传统降本增效与数字化降本增效的区别

调查结果显示，在企业数字化转型资金、人才、商业模式、战略、数字化场景五大障碍中，资金缺乏问题占比 58.9%，是数字化转型首先会面临的问题，其他不足与缺乏虽然不是有了资金就一定能解决的问题，但资金在企业的数字化转型中必须做足准备。数字化转型既要考虑由技术投入与人才投入所构成的转型成本，还须关注由商业模式与场景应用所构成的转型收益。衡量企业管理水平的主要指标是效率与成本，企业数字化转型的管理水平也体现在运行效率高、运行成本低。简单来说，就是花的钱少，挣的钱多。企业数字化的最终目标就是降本增效，提高决策效率，将原先碎片化的经验变为知识和数据，实现数据的积累、沉淀、复用，从而连接更

多的用户，提供更好的商品和服务。这不仅需要企业善意利用政府相关数字化的引导扶持政策，获得像阿里、腾讯这样的平台赋能，寻求行业龙头的引领和机构的支持，在更大范围、更深程度上借力第三方服务，构建或融入数字化产业链和数字化生态，以数字引领、抗击疫情、共创合创思想加入中小企业数字化生态共同体，在普惠共赢的大环境和携手创新的小环境中谋求企业的高质量发展。

1. 传统的降本增效

企业降本增效能够提高经济效益，进而促进企业综合竞争力的全面提升，是日常经营管理中必须要重视的一项长期的系统性的工作。但大多数企业的降本增效还停留在过去的老传统上，用节约文化引导，通过精细化管理，用制度把利润挤出来。比如用看板管理、6S 现场管理、作业标准化消除浪费，对企业的成本进行预算、分析与决策，控制不必要的成本支出。但总体来看，这样的降本增效存在以下两个突出问题（见图 5-6），当然这也意味新时期数字化的降本增效拥有可以突破的机会。

◇ 产业思维降本
◇ 资本思维增效

数字化降本增效

◇ 把降本当作增效的前提
◇ 局限在企业内部降本

传统降本增效

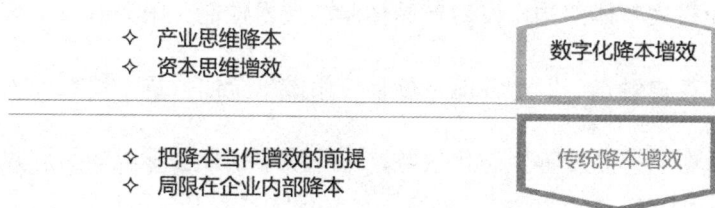

图 5-6 数字化降本增效和传统降本增效的对比

（1）以为降本就能增效，把降本当作增效的前提，但降本未必能增效，因为企业唯有高质量、高差异才有资格活着。作为企业来说，节流固然重要，但究其根本，还得开源，精准定位，核心技术，特色经营，规模壁垒，适销对路，企业才能在长期竞争中立于不败之地。

（2）把降本增效局限在企业内部，局限在生产降本。企业应当跳出公司的范畴，认真地审视整个行业或产业的价值链条，从上游（采购环节）到下游（销售环节），从财务到人力、从修旧利废到技改创新，从商业模式到组织模式，从内外部各个环节的资源优化配置入手，开放性合作，选择最有力的途径和方法。

2. 数字时代的新型降本增效

数字时代的新型降本增效，不能再掉入成本控制的陷阱。当产业的生产要素、生产方式、生产流程都在被数据所重塑，企业需要

从商业模式整体架构出发对产品体验、技术性能、服务响应、合作模式、客户触点、安全性能、场景应用做出全面考量，也更要关注合作、触点、品牌等生态化效益，单一成本指标已不能满足广大企业的发展需求，企业必须走向平台化、生态化。

（1）降本增效产业思维

企业坚持全产业链谋划，缺啥补啥、缺啥招啥，降低企业在生产、营销过程中的综合成本，加速企业的链式发展。当企业抛弃什么都自己建、自己干的想法，去发现产业链上下游中的存量资产和价值洼地，就能聚焦于自身的核心竞争力打造，并极大地通过共享存量，使用资源的方式降低各个环节的成本。贝壳找房给产业带来的变化在于从竞争型思维转变到合作型思维，充分利用门店的线下客户资源，让小而散的房产中介门店成为整个产业链的基础核心和运营轴心，搭建了以社区为中心的线下门店网络，一改行业传统核心作业思路的拼概率和规模，让小的中介公司实施线上网络化，用"线下网络"帮助业主、客户与贝壳产生更多的交互与连接，沉淀行为数据。二者互相反哺，形成生态正循环，同时用数据与技术驱动的线上运营网络，解决看房效率的问题。通过高度分工，解放有经验的经纪人，也因为产业分工，才有可能借助腾讯的技术力量插入

VR、金融等服务环节，让每个环节变得专业化，覆盖更多的商圈和人群。借助庞大的门店、经纪人的存量资源，释放出巨大的"网络效应"，最终降低了贝壳的运营成本、市场成本。

（2）降本增效资本思维

降本增效的资本思维是指不要拘泥于控制成本。从 2015 年开始，链家开始了密集且大规模收购，用资本的力量支撑花钱，专注线下扩张：一方面，通过收购地方性的优势经纪品牌扩展门店数量；另一方面，通过建立加盟品牌德佑笼络更多的小品牌中介，高速度完成市场布局和流量通道建设。资本思维不仅是要像贝壳一样精明地找到能够为自己提供流量的腾讯、百度以及为自己提供稳定新房源的开发商，而且要能围绕着"人效"的提升，促使员工从"被动执行"转变为"主动创造"的经营者，发掘和创造资金、资源、资产、资本的价值。比如通过价值识别、价值评价，引导员工把有效的时间放在关键事情上，对经营结果负责，并与薪酬挂钩，让薪酬不要成为成本而是资本，实现给员工加薪却不增加成本的目的。员工薪酬只有成为资本，才能做到加薪不增加成本。如果付薪一定要基于价值，加薪就一定要基于增量和产值，这不仅降低了在数字时代占主要成本的人力开支，更重要的是，促进了企业做价值管理，

通过利益引导和薪酬激励让大家做增量，撬动员工潜能为自己加薪，为企业增利。贝壳以经纪合伙人模式对组织成员进行长期利益捆绑，用股权、期权、币权等资本思维形成命运共同体，释放每一个个体最大化的动能。

三、数字化转型的最优成本方案分析

数字化转型一定要恪守商业的本质追求，第一，极大地降低成本，第二，极高地提升效率，第三，极新地提升体验，以此让企业产品和服务快速进入市场。大家也都认定要实现这三个目标，肯定要有投入，上系统、上平台费用不菲。所以，很多企业对数字化转型想而不能，望而却步。但笔者认为降本增效能助推数字化转型，也就是企业从一开始围绕着降本增效去解决企业现实的生产和发展问题。对于中小企业而言，用不投入、少投入的方法去获得自己的新生、再生、重生的机会，才有可能最终实现数字化、智能化。笔者认为，数字化转型的最优成本方案应当是：降本增效的过程就是数字化转型的过程，确保增效收入大于成本投入，降本收益大于成本投入，无感完成转型升级。

1. 数字化转型中的降本收益

疫情后，面临普遍的成本压力，企业在选择数字化服务时，优先考虑"降本"，设计降本、供应链降本、人力降本（见图 5-7）因为效果最明显，有专业要求，也能发挥规模效应，这些年有不少企业在这些方向上深入，搭建数字化管理平台，提供第三方服务，并取得了不错的应用效果。中小企业数字化转型不是一蹴而就的，是需要通过各类型各层级的数字化转型伙伴行动，联合政企产学研各方，积极参与具有中国特色的数字化转型生态体系，大胆借力第三方打造的中小企业数字化转型"赋能"体系，主动被融合，被改造，被升级。

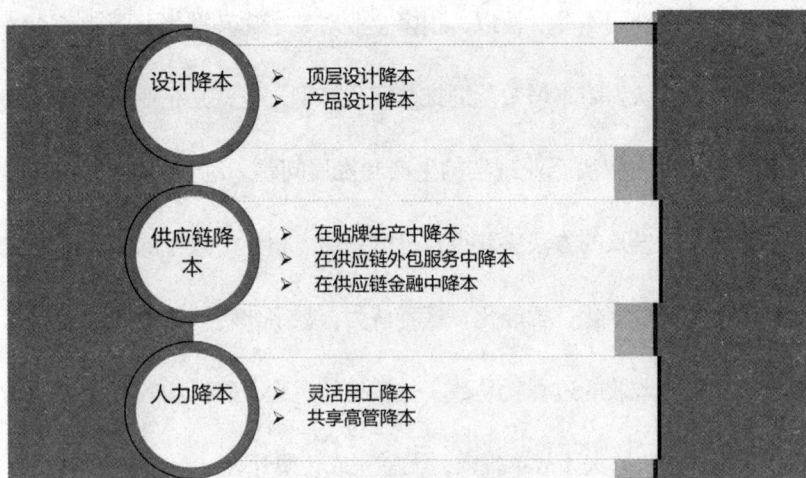

图 5-7 数字化降本的可行路径

（1）设计降本

设计降本体现在两个意义层面上：第一是顶层设计降本；第二是产品设计降本。顶层设计降本是指企业要谋定而后动，经过充分调研、周密考量，制定富有前瞻性的战略方案，要站在行业制高点上，聚焦于发展定位和经营计划，节约盲目动作给企业产生的反复消耗。产品设计降本是指要面向成本做好产品设计，通过准确定义产品规格，从产品成本的角度，选择最优的产品内部结构、零部件材料及其制造和装配工艺，设计产品满足产品功能、外观、可靠性、可制造性和可装配性等要求，并在整个产品开发阶段进行目标成本管理，包括设定目标成本和成本计算与核算等，从而达到降低产品成本的目的，保障企业能够获得足够的利润和投资回报。

①顶层设计降本

顶层设计降本质上是让企业少走弯路，节约的是对企业和企业家时间价值。从一家巨无霸中介公司变身为房产信息服务互联网平台，左晖凭着自己强大的行业混沌中的逻辑和产业喧嚣中的冷静用了不到三年时间，完成了商业闭环最重要的一步——上市。贝壳找房于 2017 年 4 月底上线，仅四个月其月活跃用户就超过了 800 万，赶上了链家的 700 万月活跃用户，也远超了一众老牌房产 App。与

内生式增长的链家不同，贝壳找房走的是平台模式，这个平台模式是左晖在深度洞悉行业痛点，并对终局思考得非常清楚后推出来的，是从贝壳成立一开始就以对产业互联网的巨大可能性设定、推崇正和游戏，以创造价值为己任，吸引了高瓴、腾讯、红杉等战略投资下，从不缺钱的战略压制中干出来的。贝壳找房不再是消费者思维，而是产业思维，主动选择和设计出典型双边网络效应，优化固定资产和优化产品结构，将客源、房源、中介公司如吸铁石一般聚拢到自己的平台上，是对外延式增长模式的战略性选择让贝壳获得了指数级的跳跃。企业少走弯路就是实实在在的创收，顶层设计先行，产生的降本收益不可估量。

②产品设计降本

一个众所周知的事实是约85%的产品成本决定于产品设计阶段，所以把降低产品成本的方案向前推进到产品设计阶段，是能产生大幅度的成本控制效应的。贝壳找房一开始就定位于技术驱动的品质居住服务平台，设计出了使用前沿技术、品质控制和数据挖掘的产品设计路线。其线上引导式 VR+AI 看房，是技术赋能型产品设计，受访用户都认为这一产品是有意义的，特别是在疫情期间，而这也在数据上得到了体现。

表 5-2 贝壳找房数字化效益表现

效益指标	效益数值表现
用户在线停留时长	原来的 2.8 倍
平台活跃用户数	同比增长超 50%
VR 带看量	同比增长 7 倍
线上平均沟通时间	比线下一个耗时 120 分钟高效 20 倍以上
线上代签耗时	比线下累计耗时 2 个工作日高效 50 倍以上
开单率	原来的 3 倍

注：数据来源：贝壳研究院数据

虽然 VR 应用于看房的出发点是考虑 C 端，降低了 C 端的筛选难度，节约了用户时间，不过对 B 端而言，更是价值显著。一则降低了大量的线下无效带看房时间；二则为了区别线上线下的看房体验，也最终引导到线下，B 端就必须在服务能力上有所提升。VR 推出后可以推进信任基础的建立，给予房屋经纪人和用户共同的想象。同样一套房子，在线看的人和时间都在增加，平均成交周期得到缩短，在人、房、客的更精准匹配连接中让 B 端降本。随着每天可扫描和重建 VR 房源套数和精确提升，技术成本本身的降低更会反哺行业，实现规模化降本效应。

（2）供应链降本

企业间的竞争，再也不是单一的企业竞争，而是供应链与供应链的竞争。企业要想快速脱颖而出，就需要充分保证自己的供应链

管理安全，流畅和高效，通过协同，形成客户、公司、员工、供应链的"互赢利益共同体"。供应链管理的强大非一日之功，而是厚积薄发的结果。我国的中小企业的供应链管理仍然停留在初级的、表层的水平，这对它们的稳定及可持续发展造成了巨大的阻碍。中小企业要想实现供应链降本需充分借力于智囊团的群策群力，外加自己保持精进的决心和努力，认清现实，审时度势，明确自身专业的分工，主动深入到创新中做好产业融合。

①在贴牌生产中降本

C2M 成为提升中国制造业的竞争实力和打造中国特色的智能化生产的创新性应对策略，这种模式实现顾客到工厂的直接链接，去掉了高耗的中间流通加价环节，使顾客能与制造商、设计师直接链接，为顾客提供个性化且专属的产品。小工厂的优势反而显现，可以快速、小批量、定制化地生产每一个消费者需要的东西。一些中小企业成为平台的贴牌工厂，平台方或品牌方将消费者规模巨大且相互之间割裂、零散的消费需求整合在一起，以整体、规律、可操作的形式将需求提供给中小生产企业，从而将"零售"转化为"集采"，为工厂商带来大量的商机。

龙头企业、品牌企业、平台企业用格局、情怀，通过供应链将质量体系、技术标准、管理模式输出给中小企业，一起打造出受市场欢迎的高信度品牌。贝壳找房推出的"万店互联·合作进化"德佑品牌，与市面上很多依靠贴牌发家致富的品牌不同。德佑做加盟有些"洁癖"，筛选门店有数十项标准，包括店东专业度、投入度、价值观、店面质量、员工质量、店面业绩等。门店加盟后，又有各种培训考核，比如真房源率、费率要求、客户处理满意度等。比如，店东加盟德佑，仅融合培训就耗时100小时左右，需要各种通关培训帮助员工提升能力，需要和链家、住商、21世纪不动产等新经纪品牌打开房源、客源，这样脚踏实地地做贴牌，才能在经纪品牌云集的存量房市场上杀出了一条康庄大道。

②在供应链外包服务中降本

当下，越来越多的企业将通过服务外包，以提升核心竞争力和灵活度。供应链管理外包在整个业务流程外包的市场结构分配中约占10%，让专业的人做专业的事，供应链管理外包，有助于建立高效的供应链管理体系，将供应商、服务商、渠道商等有机连接起来，实现动态性的、集成性的同步管理体系，为需求端不断创造价值。定制化解决方案＋配套落地服务，为客户量身打造最适合的供应链集成解决方案，并保证方案可实施、可实现。随着经纪人逐渐成为

房产中介行业供应链核心，贝壳"新经纪服务加速器"作为供应链的专业服务主体身份，以业务赋能提升经纪人的服务品质、以科技赋能优化经纪人的服务效率、以经纪人职业化成长强化经纪人的服务能力、以对中介品牌的定制化人才供应链服务加速推动居住服务行业的整体提升，构建新经济时代的良性生态。

不然，就会出现一些重复、矛盾的现象。比如，在容易被忽略的非生产性物料上，因多品种、小批量、跨行业、非标品，经销体系复杂、中间环节多，计划性少，紧急情况多，影响生产。无系统进行针对性地管理，导致大量账外物资、物料价值较低，且应用场景分散，导致损耗较高；跨多部门常会出现重复购买、同物异名等现象，货物呆滞，但又因非企业核心竞争力却贯彻整个制造环节，对本地化服务的需求和专业度要求高，难以投入足够的人力物力进行精细化管理。所以，对中小企业来说，普遍存在采购价格居高不下、供应商管理难度大、资金占有率高的问题。目前，已经出现讯唐这样的专业服务企业采用第三方供应商管理库存策略，对非生产型物料的供应链环节进行整体优化，优化不仅包含采购单价，还包含从计划、采购管理、仓库和库存管理、物流整合、人员外包和优化、质量标准（主数据建档和优化）、5S优化等各方面进行综合考量和降本，用可量化最高达 20% 的供应链成本降幅，助力企业的可持续发展。

③在供应链金融中降本

所谓供应链金融，是指由银行或第三方金融机构向企业或个人提供融资和其他结算、理财业务，同时向供应商提供应收款及时收达、向经销商提供预付款代付及存货融资业务的一种金融服务。2019 第二届中国 B2B 供应链金融峰会在北京成功召开。此次峰会的主题为"连接、合作、生态"。贝壳因以金融科技为驱动，结合人工智能、场景风控技术与独家大数据，提供房产金融、装修金融、供应链金融及租赁金融等产品，并围绕社区生活持续开发更多的定制化金融产品，链接数百万家庭与主流金融机构，荣膺 2019 中国 B2B 供应链金融创新大奖。作为平台方和供应链条中的核心企业，为赋能伙伴提供融资、结算服务，收账款管理及融资服务，为客户提供便捷的收付结算管理，实现客户运营资金快速回流和高效运转，将供应链、金融与交易、数据、技术在经营中巧妙呼应、互设、互托，最终达到降本效果。

贝壳找房 APP 在 2020 年初上线了第三方金融服务，产品包括装修分期、房产金融、保险。这种针对个人家庭的金融服务是基于链家房产的楼盘字典库、人的征信数据库、市场的房屋估价模型、

场景的房产金融知识库，同时场景风控也是基于线下交易场景，创设了房产交易领域的四方资金监管模式，同时不断驱动线上化互联网改造，推出第三方支付工具理房通，形成线上线下整合式风控闭环，为此后整个行业监管模式的建立奠定基础。

第一，用金融手段解决买卖双方的交易痛点，为交易风险提供担保，促进买卖双方跨越信用障碍，安心放心地进行购房交易。

第二，对装修客户提供分期服务，适用于新房装修、二手房装修、旧房改造等，以便让客户在买了房之后能快速入住。

第三，房屋抵押金融服务产品，用于解决作为中小企业主的客户在公司经营中出现的资金短缺问题。这个直接业务和银行竞争，但因其有房源交易一手信息，业务关联和操作更加直接、简单。

（3）人力降本

人力"降本"的重点并非减员。人减少了不等于成本降低了，成本降低了不等于企业效益就提升了。中小企业人员规模小，更应该思考好"凭什么减员""减员就能增效"等问题。减员要看组织功能 VE 系数、行业人均产值、行业人工成本率、间接与直接人员比例、固定和变动人事费用比例。人力"降本"的重点不是看工资给了多少，而是看工资是怎么给的，基本原则根据结果、效果付费。

高工资职位股权制，低工资职位外包制，从组织结构入手、从岗位设置入手、从工作量梳理入手、从技能提升入手，责、权、利到人，分、算、奖到位，学、练、用到家，让每一位员工在每个时段的工作产生最大的价值。数字时代的降本要遵循数字化的逻辑和思维框架，基于大数据，基于各种人的信用数据、行为价值、规则价值进行全面交换，全面核算，匹配企业新的战略逻辑、生意模式，业务链条，用数字运算降本增效。

①灵活用工降本

灵活用工不仅是处于崩溃边缘的中小民营企业的应急措施，更是未来用工新趋势。灵活的用工不止能降低成本，让人才灵动、活跃起来，不让湖水只流在一个地方，让水（人才）到处流动，产生社会化交换的最优成本效率。其模式核心是用来解决企业突增的、巅峰期的、季节性的人员需求，打破用工地域、用工时间的限制，从根源上解决企业用工难和人力成本虚高等问题。更重要的是，非雇佣关系用工即经济关系用工把组织变小，让企业的经营团队组建得越来越小，用工灵活、地点灵活，工时灵活，颗粒化细化，多维度考核，缩小核算单位，提升经营的市场化反应效率。

随着互联网技术的快速发展，新经济业态下的"平台型用工"

正在飞速发展。真正适合灵活用工的应该是新平台经济以及独立个体户完成的业务，房地产经纪企业是典型代表，经纪人是相对独立的从业个体，和保险经纪人完全类似，要实现用工模式的安全转变，需启用第三方人力资源专业服务公司的提案能力、财税系统与税务系统打通能力，实现项目直接发包，结算、完税一体化，解决降本中的合规风险问题，将原有的自由职业的自然人变成业务实体（个体户），将薪金劳务收入全面转为经营性收入，规避了财务及税务风险，提升了运营效率和员工收入，完美解决了传统企业在新经济形态下的项目合作、协同中的报酬支付和入账痛点。

在灵活用户的模式下，目前最普遍的感知是用微信建群来完成工作协同：干一件活，小事建小群，大事建大群，这样对客户需求的应对是高度敏捷的，聚散都很轻盈、很灵动，大规模社会化协作有了在线化的技术支撑，远程配合，以结果为导向，用智能化、数据化、可视化的人力资本管理，迈向极限式的降本增效。

②共享高管降本

中小企业在人才方面遇到的最大困境是找不到优质的人才、留不住优质人才、优质人才薪酬高。更重要的是，对于中小企业来说，聘请一位优质的人才使用率低、薪酬高，造成了一定的人才浪费。

企业完成低成本扩张，在人力资源上必须由"独有"向"共有"转变，由"企业储备"向"社会共用"转变。数字化转型和升级，不是靠钱堆起来的，市场不缺钱，缺的是能够善用这些钱的人，缺的是科技创新人才和互联网人才。"人才结构失衡"下共享高管是解决高端人才招聘痛点和评估痛点的有效模式。

笔者自 2012 年开始在多家公司担任首席战略官或策略官角色，就是对共享高管模式的最直接验证，在多年的被共享中，笔者形成了自己的独特操作路径（见图 5-8）。

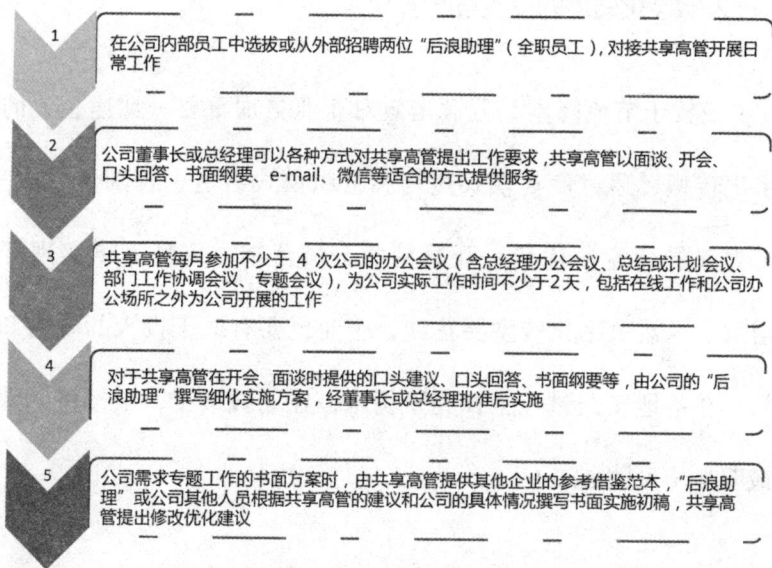

1 在公司内部员工中选拔或从外部招聘两位"后浪助理"（全职员工），对接共享高管开展日常工作

2 公司董事长或总经理可以各种方式对共享高管提出工作要求，共享高管以面谈、开会、口头回答、书面纲要、e-mail、微信等适合的方式提供服务

3 共享高管每月参加不少于 4 次公司的办公会议（含总经理办公会议、总结或计划会议、部门工作协调会议、专题会议），为公司实际工作时间不少于 2 天，包括在线工作和公司办公场所之外为公司开展的工作

4 对于共享高管在开会、面谈时提供的口头建议、口头回答、书面纲要等，由公司的"后浪助理"撰写细化实施方案，经董事长或总经理批准后实施

5 公司需求专题工作的书面方案时，由共享高管提供其他企业的参考借鉴范本，"后浪助理"或公司其他人员根据共享高管的建议和公司的具体情况撰写书面实施初稿，共享高管提出修改优化建议

图 5-8 共享高管模式实践路径

通过这样的操作模式，不仅可以极大地降低企业使用高级人才的成本，用一年一二十万元的成本聘请到价值百万元的高端人才，无闲置、无浪费。同时通过"1+2/3"的带人干活，解决具体问题的方式直接培养企业内部高潜力后备人才，做好企业内部梯队能力建设，顶级人才的供需矛盾得以解决，把过去因"定位"被束缚的人才存量释放到市场中来，再一次流动起来，成为企业数字化转型升级的可借助的红利。

2. 数字化转型的投入与产出

相较于节流降本，开源增效对企业更加重要。加速企业的数字化转型，通过商业模式重构和组织模式再造，告别价格战争，树立差异化竞争优势、开展精益全员营销，更是为了实现开源增效。纵然数字化转型要花钱，企业也要有敢于投入的魄力和智慧，在落地实践过程中找到平衡术，让花钱最少，最经济，效益最明显（见图5-9）。

资产数字化

企业价值流通加速

花钱

赚钱

企业数字化

企业资本化

数据资产的累积

产业生态的搭建

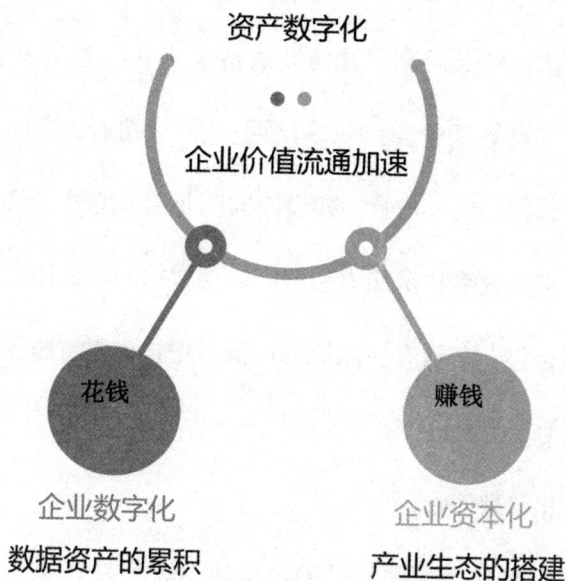

图 5-9 企业数字化转型的平衡术

（1）数字化转型开支

必须花钱的数字信息技术的改造，是为了通过企业数据资源的识别、选择、过滤、存储和使用，引导有限的企业资源通过最优化的模型和算法，精准流向投入产出比最高的领域和环节，实现资源的快速、精准配置和最优产出，最终帮助企业和产业显著降低在传统生产过程中不经济、不必要的资源和成本投入，提升生产效率，达到增效的目标。企业没有数字技术，势必难以摆脱服务难下沉、

成本难降低的困局。链家地产内部的 IT 系统，早在 2017 年就拥有约 500 台服务器，每天后台系统访问的请求达 1000 多万次，接近 200T 的数据。这些数据包含：每一个买房者、卖房者的电话，小区的详细信息，包括楼层、户数、建设时间、业主家庭资产状况和投资态度等，链家的数字技术能力和房产底层数据，就是让大量的上下游伙伴希望合作，坚信有被赋能的可能，用户也愿意跟随，才有了贝壳找房成为平台的机会。

（2）数字化转型创收

数字化转型创收是显而易见的，我们不妨来看海尔 2020 年上半年的数据，海尔智家产品 SKU 效率提升至 97%，物流配送及时率提升至 99.5%，流程系统使用效率提升至 83%，不良品率下降 94%，仅一天的直播，平台 GMV 可达 1.34 亿元，但前提是海尔做了 30 余年家电布局、10 余年的物联网沉淀，全面推进了终端 APP、1 号体验店、专卖店、电商渠道的数字新基建，完成了营销网、物流网、服务网、信息网的深度落地和融合，能够让全国乃至全球用户通过线上线下一体化的触点网络享受到"一次交互，终身关爱"的个性化服务。

数字化转型要在一开始就形成正向的流入，就需要可以挣钱的产业金融的"输血"。光有技术没有金融,传统产业特别是产业链中下游各类民营企业和中小企业无法承受巨大的技术转型成本,数字化转型推动不起来,产业数字金融每1%的小小改变,就将为产业带来数万亿规模的降本增效,这就是产业金融的独特魅力。企业如果能拥有产业金融的理念和模式,主动融入产业,和政府、各级金融机构、核心企业多方联手,形成共建共赢的产业生态体系,坚持重度布局垂直行业线、深度布局产业链、开放生态圈的差异化路径,并与商业生态系统的各方结成利益共同体,努力构建共创共担新模式、共生共享新生态,就能爆发指数级增长的威力,并在数字化转型投入过程中实现稳定收入。

四、链改：中小企业数字化转型最优成本方案

　　中小微企业到底该如何平衡好数字化投入与产出呢？那就是走区块链改造的道路，借助区块链、密码学等最前沿数字技术的应用落地，以及随着计算机算力的提升、公链的完善和数据的逐步打通开放，把企业资产数字化、TOKEN代币化，上链化，这样任意两个资产、交易对方之间都可以直接、简单地进行转换，当数字资产成为企业价值转移和交换的直接载体，作为数字化可流通权益证明，可以让产业链上80%的民营企业和中小企业不再因为没有担保抵押、确权增信而贷不到款，或贷款成本居高不下。同时，因为数据资产的资本化，让每个合作伙伴降低信任成本，轻松成为生态体系的参与者、贡献者、获利者，让上下、内外交

易更有效率。

1. 链改的价值

中国通信工业协会会长王秉科在 2020 年 10 月举办的 "1024 区块链中国日"系列活动上，明确提出"区块链 +"应用到实体经济领域可以极大地提高产业效率，促进行业数字化转型。国家也逐步出台更多的政策鼓励实体产业借助区块链等数字技术，通过"上链"和"链改"等方式，实现数字化转型。"链改"驱动了区块链技术与 5G、物联网、人工智能、大数据等前沿技术的深度融合和深度产业应用，成为实体经济特别是传统企业转型发展的新动能。实体产业与区块链紧密融合，会引发商业模式和组织方式革命，从而改变传统行业的价值体系和个人与群体之间的关系。只有这样，才能完成上链经营，成为区块链经济组织，解决传统行业中不透明、不公平、效率低、过于中心化等种种难以根治的毛病，为实体产业"换道超车"提供最低代价的机遇。

（1）链改与股改的区别

商业社会的发展是公司和组织的价值不断被发现、被凸显的过程，每一次划时代的技术突破都会带来商业社会的加速发展，让利

益平衡大跨步迈向利益共享。股改，是股份制改造，为了产权的明确，让公司各类股东"享受"普通股的市场待遇，平等参与市场流通，通过全流通实现同股同权，同股同利。股改解决的是人的价值评估基础上的资源配置问题，是对公司治理结构的完善。链改，则是运用区块链思维，采用区块链分布式技术，基于一群创始者和公司共同体的"产业共识"，发放 Token 代币，整合产业链上下游，连接生产者、销售者和消费者，实现利益共享。链改能帮企业打造产业链，完善股改，使公司和产业链的价值同步放大（见图 5-10）。

如果说上市是精英企业才能追求的目标或者达成的融资手段，上链则是善义企业的新机会，不论规模大小，也不论行业属性，从第一产业到第四产业，从工业、服务业到知识信息产业，从线下实体到线上互联网平台，从矿山到餐饮，从版权到艺术，只要乐于共创价值、共享增值，都可以上链。公司上市后，股票的涨跌往往受很多因素的干扰，企业家的个体行为、事件和股价更是息息相关，很多情况下股价不能准确地反映出公司的真实价值；而链改后，"人人为我，我为人人"，大家绑在一起，每一个人都会成利益共同体的节点，荣辱与共，休戚相关，成为唇齿相依的命运共同体。

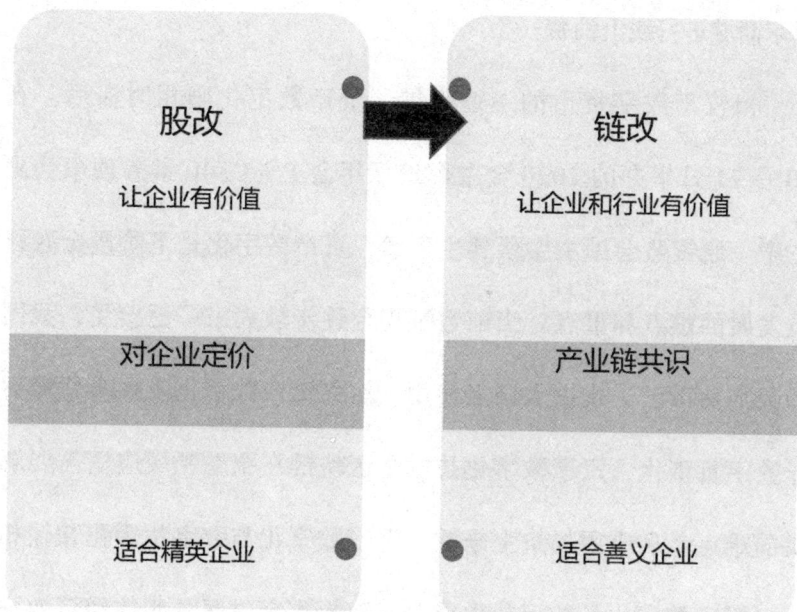

股改	链改
让企业有价值	让企业和行业有价值
对企业定价	产业链共识
适合精英企业	适合善义企业

图 5-10 从股改到链改

2020 年 8 月 14 日，中国商务部印发《全面深化服务贸易创新发展试点总体方案》，提及"在京津冀、长三角、粤港澳大湾区及中西部具备条件的试点地区开展数字人民币试点。"据悉，数字人民币先由深圳、成都、苏州、雄安新区等地及未来冬奥场景相关部门协助推进，后续事情扩大到其他地区。2020 年 10 月 8 日，深圳市人民政府联合中国人民银行开展数字人民币红包试点。2020 年 12 月 11 日，江苏省苏州市面向符合条件的苏州市民发放 2000 万元数字人民币消费红包。此次试点用户既可在指定的线下商户进行消费，也可通过

京东商城进行线上消费。

相较于数字货币的迅速发展，资产数字化则相对滞后。在 10 月 21 日举办的 2020 金融街论坛年会上，CF40 常务理事会副主席、原银监会副主席蔡鄂生表示，资产数字化是下阶段金融科技发展的难点和重点。当前数字现金逐步被大家广泛接受，我国的数字货币已正式投入试点使用，然而资产数字化发展步伐滞后于数字货币化，资产数字化技术是区块链在金融领域应用需要解决的难点。从应用场景上来看，资产数字化与数字货币化相辅相成，资产数字化是数字货币能否有效提高金融服务实体经济效率的关键。

放眼海外，资产数字化在 2020 年发展迅猛。海外巨头积极投入推动资产数字化发展中，纳斯达克一直是资产数字化的积极推动者。2020 年 6 月 24 日，纳斯达克启动市场服务平台，旨在帮助公司构建一个使用分布式账本技术的金融工具，让客户更好地发行、交易、管理数字资产和通证资产，包括但不限于标准金融资产、代币化资产、信用卡应收款、房地产、保险合同、博彩和投注等。该平台将可以访问已经建立的通用市场服务。该平台的支持方除了纳斯达克外，还包括微软、Digital Asset、R3、Symbiont。

目前，纳斯达克在全球有超过 120 个金融服务客户，通过微软 Azure 云，"市场服务平台"可以触达标普 500 中的大部分公司。2020 年 12 月 10 日，新加坡星展银行（DBS）宣布将建立数字资产交易所，使机构投资者和合格投资者能够利用一个完全集成的数字资产生态系统，而新加坡交易所（SGX）将持有星展数字交易所 10% 的股份。借助该数字交易所，星展银行将利用区块链技术，通过资产代币化和数字资产（包括加密货币）二级市场交易，为融资提供一个生态系统。

全球顶尖管理咨询公司麦肯锡全球研究院在研究了中国 22 个行业的数字化水平之后，在 2017 年已经明确提出数字化转型包括三个方面的内容：资产数字化、运营数字化、劳动力的数字化。资产数字化被摆在了转型的第一位。特别是作为第五种生产要素的数据资产的数字化，更是被高度期待能释放红利，助力数字经济的创新发展。数据通过大数据、云计算、区块链等技术解决好确权难、溯源防伪难、跨域互信难、安全管理难的问题，明确产权归属，就可以转化为权益凭证（通证），降低产业交易成本，提高产业流通效率，从而提高产业内企业的盈利能力和水平。

2. 资产数字化是解决中小微企业发展的良方

中小企业在产业链中的地位低、可替代性高、回款慢、抗风险能力差，产业链情况错综复杂，企业底层资产不透明，缺乏主体信用担保确权，所以中小企业贷款较难通过金融机构的风控。数字资产的本质是用于大规模陌生社会关系协作的激励媒介，激励对应物可以包括：使用权、产权、债权、积分特权等各类实体经济对等的权益。中小微企业在数字化转型中借力数字资产是在供应链金融基础上全新的迭代升级，实现全产业链场景的数字化、透明化和可控化，让技术数据充分发挥它们应有的作用，成为企业信用价值担保的有效武器，这是释放企业要素潜力的关键。

（1）适合资产数字化的中小企业现状

处于下面三种状态的中小企业最适合用资产数字化手段。所谓适合，就是最需要、最能形成匹配的。

第一种，有资产无流通：拥有价值的有形无形资产，但资产未得到有效利用，企业也未达到最佳的发展状态。

第二种，有业务缺现金：企业有市场需求，业务表现良好，但缺乏现金周转。

第三种，有前景没支撑：企业有长期发展的前景，模式清晰，有持续的客户增长，但现阶段发展需要"输血"，缺乏盈利支撑。

此外，由于财务不规范的问题会进一步导致传统金融机构倾向于少贷款甚至不贷款，企业资产数字化就是解决中小微企业发展最好的办法。在区块链技术的推动下，中小企业完全可以选择将自己的实体资产、虚拟资产等金融资产映射到区块链网络中去，形成流动性更强的数字化资产。

（2）适用资产数字化的中小企业特点

资产数字化最适用的中小企业主要有以下四大特点。所谓适用，是指最有效、最能取得成果。

第一，用户数量多。用户的数字化资产是企业所有资产中最值钱、最宝贵的部分，因为企业的所有营收都是来自用户。企业的任务就是把用户行为、用户资料、用户的每一笔交易存储到企业数据库里面，这些数据可以在日后指导企业的营销策略。用户数量越多，企业的数据来源也随之增加。每天都会产生海量的用户数据，就可以为经济社会、消费大众创造更多基于数据、智能驱动的更好的发展模式和生活方式，价值流通和放大的可能性也就越大。

第二，需求刚性。需求越刚性，意味着交互的深度、频次越高，

对用户的了解程度就会越深，越容易形成决策智慧，而且需求越刚，意味着场景更容易搭建，渠道也相对多，数字资产流通的场景更丰富，环境支撑更充分。

第三，行业分散，产业不集中，小、散的现象普遍存在，让产业链上下游之间有了更多平等对话的机会。合纵连横的不断布局中，达成价值共识者能聚在一起，发挥各自的优势，持有彼此的数字资产包，利益捆绑，共同服务市场。

第四，资产轻，知识产权、品牌商誉、用户规模、未来潜力等无形资产占比高，通过资产数字化能得到产业内、行业内、企业内的公允评价，不会被传统资本市场评估打劫，在不牺牲股权的前期下，保证领创者秉持初心，稳健发展。

数字经济令"小而美"的企业成为可能，消费者行为在走向高度碎片化，更多元的消费偏好、更高的服务要求、更快的效果体验，使得各个行业必须从原始经营状态中抽离出来，迈向更透明化、便捷化，流程更标准化、简单化的经营模式中去。区块链技术为企业提供一种数字化基础设施，促使更多的人专注做一个工匠，促使更多"小而美"的高科技公司涌现出来。数字资产会使原创、数据、真实本身变得极有价值，让产品和服务更加优秀、更加高质量，多样性是幸福之源，分布式商业或许会让社会更加公平和美好。所以，链改是对既有权力结构和既有利益结构的调整。资产数字化这个区块链基础设施如同润滑油，有望激发广大中小企业的基层创新活力，当企业随时清晰地告诉内外合作者其所拥有的数字资产在生态中的利益和损失，让交易更透明、更愉悦，总成本得到进一步降低，进而显著提升整个社会的效率。

3. 链改实现路径初探

中小企业链改的实现路径是一个全新的课题，笔者目前看到市场大多数的区块链或链改公司聚焦在技术应用，很少有人做产业深耕，参与区块链推广的大多是技术出身，对企业的商业模式、组织模式这些网络价值的构成核心少有涉及，大部分的链改研究大多停留在资产的在线化，形成企业可量化、可记录、多维度的数字化账户体系，但还没有让资产数字化转为企业新的数字化信用体系，转化为企业未来发展的一个新的有力增长点，而只有形成基于新的商业架构和组织架构的数字化资产信用体系才会对每一个生态伙伴产生重要的融合力量，对产业链起到重大的黏合作用（见图5-11）。

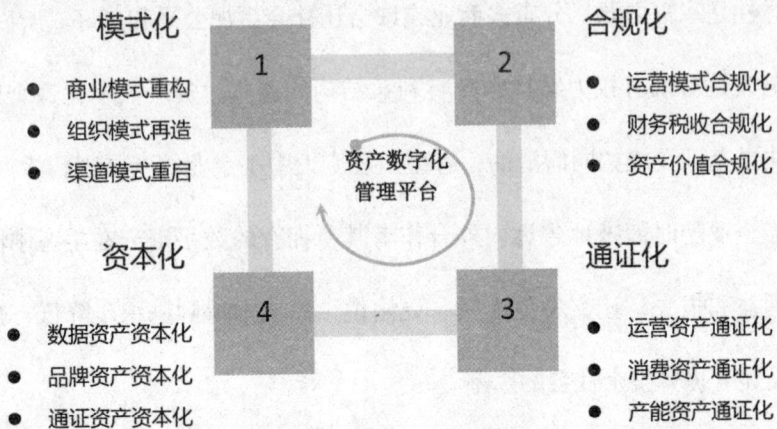

图 5-11 资产数字化路径初探

（1）商业架构的进化

企业数字化转型，要完成商业顶层架构的数字化进化，建立自己统一的资产数字化管理平台，打通企业各个环节、各个要素之间的连接，通过链接整合企业所需要的外部资源，实现全交易链路的数字化。贝壳找房提供了最好的样板，从模式调整入手，不断适应国家对中介行业的合规化管制，完成数字化的彻底转型升级，改变自身的价值输出，完成资本化成果认定。以 B2B2B2C 的交易平台与交付平台，以 O2O 的全渠道交易场景完成与所有 2B、2C 资源平台对接，以共享产生的网络规模优势和精准匹配优势提升企业的运行效率以及有效降低企业的运行成本。

未来的行业竞争，从单一的产品、渠道等单一维度的竞争，转向全面的数字营销能力竞争时代，也就是让产品、渠道、营销、管理以数字形态有机融合，搭建品牌的数字化营销平台，赋能终端门店、网点、触点，并形成更高的服务终端客户的整体竞争力，以交易而论，所谓的"线上下单"或"扫码下单"就需要相应的线上账户体系来做支持，这个账户系统是一个高标、高清的矩阵，可以完整地记录用户的各种消费行为、决策行为，企业的各种社群行为、奖励行为，追踪获客、引流、裂变的足迹，评估在这个互动过程中用户产生的可量化的信任感、价值感、参与感、距离感。此外，还要建立一整套精细化评估指标，对系统所有的内在交互、外在连接进行定量的、定性的动态评估，对所有参与行为进行实时的价值回馈，不断扩充账户信息，积累企业"数字资产"，推动商业价值的增长。

随着数字化的不断深化，所有协作主体、物理单元都会虚拟化，映射到数字世界，都有一个唯一的数字 ID 和数字账户。未来数字世界的协作，就变成了这些数字账户之间的协作，体现在不同数字账户的资产变动上。在"数字账本"中记录着的一切活动反映着产品货币化、劳动资本化、账户证券化的数值变化。有了账户体系和数字账本，然后进行上链，做分布式存储管理，成为共享的、透明的

账本，从而降低协作者之间的信任成本，减少投资人和被投资人、管理者和被管理者之间的监督成本，也适时地降低违约成本和议价成本，中小企业融资的难度也会大大地降低。账户体系让实体能够实现自金融，让企业更加高效、健康地运转。

（2）组织治理升级

链改要做的是对业务流程和组织治理结构进行改造，基于互联网的效率链接可实现去中间化，真正的交易效率、组织效率的改变一定是需要去中间化，减少交易层级、减少组织层级，让企业的所有者（企业的股东，合伙人），包括债权人、供应商、客户、员工及其他与组织有经济来往的主体都参与进来，大家围绕市场核心的真实痛点去开展去中间化的经营活动，利用区块链技术的商业活动，不再依赖于参与各方彼此的了解和信任，也不依赖于参与方共同信任的第三方，例如政府机关、银行和第三方托管机构，是去信任机制的完全意义上的去中心化，能真正有效地提升交易及组织效率，降低交易及组织成本。

互联网经济与工业经济的本质区别是"产销一体化"，生产、交易、消费三个环节中产生大量成本的交易环节将被彻底消灭。消费参与生产将需要大规模群体协作，这种无边界的多中心合作只有数字资产机制才能保证多方权益，产品众筹、创意众筹、资金众筹等模式已经在各行各业涌现，消费者和利益相关者可以根据生产需求直接供应生产要素，从而极大地降低模式创新的门槛，基于数字资产，生产要素供应者的回报方式更简单、清晰、可操作，而且不直接影响到股权结构。

企业之"产、供、销、人、发、财"全价值链降本增效中，人力资源"降本"对企业的利润和业绩影响并不大，但人力资源"增效"对企业的利润和业绩影响却很大，所以通过企业生态组织架构图设计，企业组织角色运行图设计，企业核心团队治理生态组织内训会，企业关键生态角色适配性辅导，企业数字化便捷系统 H5/APP 建设、数字社区应用辅导、数字化资产激励体系设计等新的组织治理方式的根本性调整升级，解除组织的资源限制，在更大范围内协同力量，激发活力，让人效产出突破行业瓶颈。

（3）数字资产应用

共识是区块链的核心，区块链市场的竞争说到底是共识的竞争，数字资产是构建共识的核心部分，共识的竞争说到底是数字资产发行权的竞争。数字资产发行是促进区块链技术发展的动力核心，笔者认为数字资产发行一定要注重基础技术和社区共识，解决数字资

产发行的合规化问题和高效性，但更重要的是，要与实体业务场景结合紧密，远离空气币，实现资产的合规通证化以及在各平台之间的资产转移，记录生态型协同模式中的价值贡献和绩效回报，对生产方式进行底层性革命。

在笔者看来，贝壳找房就做了一个有意思的探索动作，ACN 经纪人共享网络，其实已经在隐约探索数字资产的定价和价值分配问题。任何一条房源信息，在 ACN 网络里面就是一条被定义了价值的数字资产，它的价值相当于真实世界那套房子交易价格的 2.7%，也就是在贝壳生态里能确保的价值分配总额，然后这条数字资产在流转过程中，不同的服务角色会根据完成的任务和履行的职责得到不同的价值分配。这个变现过程就是价值发现过程，贝壳等于把过去线下中介的实体服务给标准化、数字化，分配也智能合约化了。ACN 这个房屋交易的合作分配机制就是中小企业可以借鉴的未来数字资产的价值界定的一种思路雏形。

对于中小企业的数字资产发行，要强调无形资产的成本数字化，包括发明创造、法律保护、发行推广、投入、失败、流通、投资后的损失的大小等成本的数字化。基于此，进行企业资产包评审确权、企业数字资产定价定量、区块链智能合约编写、ERC-20 数字资产发行、数字资产联名冷钱包选配，还要数字资产操作说明编写、数字资产演示视频选配，以便于让目标合作伙伴认知资产价值，达成价值共识。当每个人除了拥有传统的资产概念以外，还拥有数字资产。拥有数字资产是除了拥有股权、期权之外另一种真正资本意义上的合伙模式。

中小企业需要借助资产数字化完成转型之路，唯有通过客户和上下游合作伙伴的价值认知和判断，在不稀释股权的状态下，获得资源统合的力量，让企业不仅获得财务上的支撑，更是获得关键利益相关者的同心同德、荣辱与共、旅进旅退。

4.时间银行案例解析

资产数字化是一个全新的工作，并无成功经验可直接照搬照抄，一个庞大的系统工程总会遇到或这样或那样的问题。所以，要完成这样一个伟大的创举，必须使工作程序化，必须有一套完整的、科学的、可操作的程序。这套程序必须建立在计算机技术、网络技术的基础上。笔者从 2020 年 9 月开始在数字化商业模式设计和组织模式诊断咨询之上，加上了资产数字化的咨询，以帮助企业以最低的代价和最小的风险完成数字化转型，这个自动化的程序目前还在探

索之中。

笔者从目前操作的第一个案例时间银行（社区居家养老服务平台）数字资产的发行来解释以链改方式实现的时间资产价值。过去，谈到以数字记录行为活动一定有人说是天方夜谭，但如今，互联网大数据的广泛应用和生活场景的信息数字化，把"时间储蓄"变为现实。小到一次信息转发，大到一次完整的工作实施，我们可以用数字化手段来完成分解、分发、确权、存证与激励，这也使得时间数字资产更赋予了社会价值、经济价值和公民权益价值的内涵。

（1）社会价值：实现社会力量的跨界协作，通过建立养老产业征信体系，以数字化确权、信息化集成与智能化分配为手段，形成各类角色系统的信用评级和供需匹配的新关联，从根本上解决协作中的信任问题与分配问题，吸纳社会各方力量的积极加入，从而实现养老产业供需结构的创新与共赢。

（2）经济价值：具体可分为产业经济价值和大众消费经济价值。产业经济价值又可以通过降本增效和生态增量来体现。降本增效体现为通过原来的劳务运营管理模式向未来数字资产服务模式的转变，把每个服务个体和服务内容都作为数字资产单位，以智能调度分配的共识算法优化资产结果，从而实现运营降本增效和各方角色的共赢；生态增量体现为通过原来的竞争式投入（人、财、力的重复投入）向产能式配置（互补与协作的组合）的转变，把每个参与方的力量作为数字资产标的，以贡献力匹配度重新配置供需关系，从而实现产能的叠加与行业的共赢。

大众消费经济价值也体现为两点：一，以数字场景丰富消费内容和筛选多级服务供应方，提升消费性价比，带动"时间通证"的市场流通性，实现消费场景与消费体验的创新；二，消费即投资，每个参与者都可以把富足出的贡献力转换为未来的受益和家人的服务共享，从而让贡献价值可转换、可传承，实现了投资模式的创新与家庭关系的建设。

（3）公民权益价值：区块链技术具备数据可溯源、信息防篡改、价值可传递的基本特性，当把区块链技术运用到社会的服务事业中，最适合发挥公民权益的保障作用，疫情期间推出的健康码服务已经充分证明了这一点。所以，我们投入建设养老产业服务公链系统对于公民的消费权益保障和服务安全保障都有着最深远的创新意义。

公民的消费权益通过透明的数字资产登记、确权、存证、评级等公链系统的支撑，保障了公民消费需求能够得到最优质的服务匹配，再以数字化存证与溯源对服务质量和服务结果进行跟踪，确保了消费权益与消费过程的一致性，降低了公民的消费风险，从而实现了公民服务体系的价值创新。

公民服务安全保障通过建立每个参与者的数字化征信系统，以信息数字化登记、审核和评级，确保每个参与主体的有效性和真实性，同时建立起透明的全链条行为活动发布与存证，做到"好人好事可长久、坏人坏事传万里"，在根本上避免针对消费者，特别是针对老年人的消费诱导、暴力服务和金融诈骗等极端行为，保障每个公民都可以在安全健康的环境中得到等值的社会服务。

通过四个月的时间，我们完成了时间银行主体发起龙头养老企业的资产评估，打破了基于单一企业原有平台为中心的运营结构，转为基于养老服务生态发展需要设立运营节点，调动养老产业上下游企业和服务群体参与生态共同治理，实现管理多中心化，保证时间通证等关键流通数据相对透明，提高平台数字资产的公信力，起到扩展数字资产流通场景的有效作用，达到生态决策基于共识贯彻的低成本运营目标。接下来，我们还将通过区块链技术建立起一整套养老综合服务系统，以数字确权的方式将行为资产数字确化、服务资产数字化、客户资产数字化，并将数字化的结果通过可量化的权证工具实现服务者的信用评级、供需关系的智能组合、服务场景的用户定制、贡献力不分大小的确权，以及贡献价值的动态激励与分配，最终达成以时间为单位、以行为为结果的养老信用与养老服务系统的建立，我们将该系统命名为"Times 养老产业服务链"。

中小企业要如贝壳找房一样，在资本市场中获得热度并非易事，毕竟贝壳脱胎于有着稳定收入的链家，走一条适合自身轻而巧的资本道路，是现实的需要。链改是基于数据驱动的商业模式和组织模式变革逻辑，在线产生链接、链接产生交互、交互产生数据、数据产生智能，智能产生智慧，这种依靠数据产生的智慧，使企业产生了更高的运营效率，使资产有了增值的空间，使生态伙伴有了共享发展成果的机会，却不以股权的直接转让和稀释为前提。在股权、期权之外，创造币权的分享激励模式，区块链的共识机制将彻底把原有的人类关系与经济模式做颠覆性变革。不可阻挡的是，资产数字化会成为未来世界资产的新航向，通证和

股权并存的时代已经掀开帷幕（见图 5-12）。这样的增效顺势而为，更是企业的杠杆性可为。

图 5-12 股权和通证的并存和互补

第六章

数字化转型路径总结及适用性分析

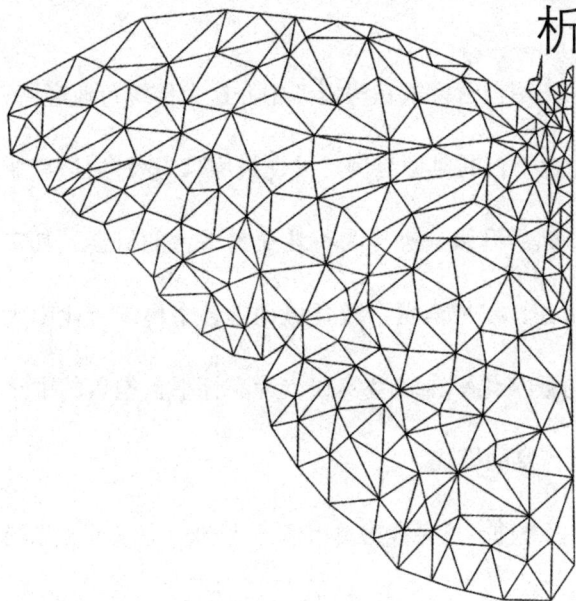

一、贝壳找房数字化转型案例的价值挖掘

本次研究选取了先用自营模式在房地产中介这个传统行业经营，后转型成为开放性行业平台的典型范例"贝壳找房"，这种通过产业积累、深耕、沉淀，然后升级、进化为行业交易平台的机会，其实在汽车流通、物流服务、零售消费、教育培训等各个传统行业中大量存在。贝壳找房的数字化平台转型实践，为心怀平台抱负的中小企业家提供了一个可借鉴的模式。

截至笔者完成此书之前，贝壳找房总市值已达 696.7 亿美元（见图6-1）。

贝壳[BEKE]美股 富利证券

59.10 -0.31 (-0.52%)

今开:60.20　最高:60.51　成交量:317.35万

2021-01-30 04:00:49 已收盘 (北京时间)

昨收:59.41　最低:58.29　总市值:696.66亿

分时	5日	1月	1年

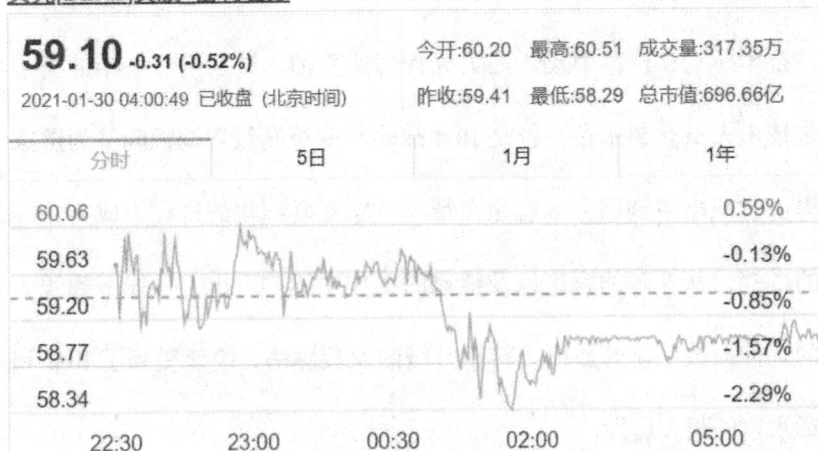

图 6-1 贝壳股价图

通过对贝壳找房这一最具时代性的鲜活案例的研究，证明数字化转型不是简单的数字化新技术引入，而是商业模式和组织模式的同时转型，实际上是一个关乎意识、文化、机制的全新系统的设计。

1. 贝壳找房的发展背景和产品基因

2018 年 4 月 23 日，被市场理解为链家升级版的"贝壳找房"在一段时间的秘密潜伏后正式对外宣布落成，开启了平台数字化转型步伐。贝壳的诞生被寄望力挽狂澜，拯救不能上市的链家。果然，它不负众望，目前在中介市场占比可达 21.3%，为市场第一。核心创始人左晖和彭永东的专业背景决定了贝壳找房的基因。左晖，计

算机专业出身，明显的技术派和逻辑派。从链家开始，这家公司就是技术驱动，产品驱动。在贝壳找房成立前，链家网有一半的员工是技术人员。彭永东，曾是 IBM 战略与变革高级咨询顾问，为链家提供过战略咨询服务，就是在帮助链家互联网化的过程中成为左晖的搭档。从左晖的言论以及链家的动作中不难看出，从线下到线上的延伸，数字化开放模式转型升级的发展脉络，应该受到了 IBM 和彭永东的很大启发。

从 2010 年彭永东加盟链家开始，链家每年会举办两次战略研讨会。按照国际咨询公司经常使用的讨论方式，一分为二，一组人"扮演"链家，另一组人的"任务"则是"干掉链家"。这样的深度思考让数字化转型在贝壳找房可以进行得很彻底，用互联网和 IT 技术改造行业，改善消费者的体验和提升职业经纪人的服务效率。这两个创始人决定了贝壳找房商业模式的选择。而万科、融创、软银、腾讯、高瓴、红杉这些战略投资方的金钱、资源的导入，更是保障了贝壳商业模式的成功，让贝壳找房在"乱象丛生"的房产中介市场，以"行业异类"的形象，挑战着房产中介行业的诸多陋习，做到真正从用户利益出发，最终赢得了广大用户的信任。

2. 贝壳找房与其他房产信息平台的区别

贝壳找房、58同城、房天下是针锋相对的竞争对手，它们的厮杀、冲突经常见诸报端。这里面的掐架大多是流量之争，更是价格战背后直接的利益损失。它们选择了不同的商业模式，有着本质上的区别（见表6-1）。房天下、58同城采用的是流量收费模式，即广告平台的定位；贝壳找房是按照门店营收规模收取一定比例的管理费，是服务平台的定位。当然，贝壳找房也因既做运动员又做裁判员一直饱受诟病。纵然面对阻抗，贝壳找房以交易佣金为主的收入来源，可从根源上降低虚假房源的出现。

表 6-1 贝壳找房与其他竞争性平台的比较

对比项目	贝壳找房阵营	58同城阵营
价值定位	房地产交易平台	房地产信息平台
收费模式	佣金	CPC/CPA
核心能力	数据和算法，体验为王	信息，流量为王
操作模式	赋能中小中介	导流中小中介
业务模式	线下，再线上	线上，再线下
薄弱劣势	房源真实，中介服务好	资源倾斜，实际佣金的减少
管控模式	强管控	弱管控/无管控
资本状态	互联网2.0的胜出IPO	互联网1.0的过去，退市

3.贝壳找房的商业模式重构和组织模式再造

贝壳找房和所有互联网平台公司一样面临着困境：如何聚集起自己的用户，怎么把规模搞大。通过从链家到贝壳找房这两家既紧密相连又彼此独立的公司的前后变化，带着全新的信息传递方式和价值创造方式的数字化对商业模式和组织模式的影响机理，为成长慢、利润薄、士气低、执行差，迫切需要调整、转型的企业找到一种高效、低成本、快捷的基于商业模式重构和组织模式再造的数字化转型成功落地运营策略。

贝壳找房的顺利上市，一则顺应了扁平化、自组织、分权化、民主化、社会化、垂直化、网络化的未来组织形态；二则借助数字技术的不断革新，集合了"平台＋免费""内容＋社区""互联网＋O2O产业链""互联网＋跨界生态网络"的商业模式价值，用开放型的组织模式协同行业竞争伙伴共同以市场需求导向完成产业价值链整合，更好地深化供给侧结构性改革。上市后漂亮的股价表现，证明了大家对商业新生态模型的认可和推崇。

4. 贝壳找房数字化转型路径启示

贝壳找房是左晖对行业深度洞察的产物，是对行业全局分析与诊断的结果。企业家构想了一套完整的数字化的能力体系和护城体系，以一套开放的数字新生态模型治疗行业顽疾，并坚定地解决转型过程中出现的千头万绪的问题，持续验证自己的正确判断。贝壳找房的数字化转型对于有着线下实体的传统企业有直接的借鉴作用，创业者只要有充分理解业务生态的能力，进行全流程、全界面的重新规划，又有面对市场需求、客户、消费者、社会诉求重新定义产品的大视野，敢于厘清组织机制、匹配战略资源，在多重利益相关方中共享价值，就有机会在行业共识的基础上，切实为企业创造经济价值的同时，撬动创造社会和生态价值的支点。

选择贝壳找房作为案例，因为它由传统企业进化而来，也因为其拥有互联网时代最大的资产线下门店，经历了"要不要互联网化"和"要不要数字化"的命题。笔者自 2009 年开始就深度接触和辅导咨询多家传统中小企业的商业模式创新设计，从创始人到核心高管、从战略制定到运营执行，调查充分，了解翔实，特别是对于在数字化转型过程中的企业面临的痛楚，由于中小企业还处于信息化初级阶段，直接照搬大型标杆企业的转型模式，很可能会耗费巨大的资

源和资金却仍不见成效，这就需要企业找到适合自己的数字化道路。

贝壳网作为 2020 年 8 月新上市的公司，有相关公开披露的材料和数据，笔者也是同时以贝壳买方和卖方双向用户的身份全流程感知贝壳的产品及服务，从对经纪人的近距离观察、访问，获得了消费者视角的一手真实信息。

二、数字化转型路径总结

通过前面几章对贝壳找房基于商业模式重构和组织模式再造的数字化转型路径的详细分析，我们基本能看到除了"数字新基建"之外，企业必须打破旧有的格局，进行颠覆式的组织重塑，用商业模式和组织模式的创新和引领把数据变成知识和智慧，支撑正确的变革决策和转型规划。但更重要的是，把数据变成实实在在的资产，让其流通流转起来，获得数字化转型降本增效的工具。中小企业即使看得懂物联网、云计算、大数据、人工智能等一系列数字化新技术对企业可以产生的价值，也得面对活在当下的现实！疫情后的运营资金链的短缺，劳动力成本的节节攀升，能源与原材料成本的通胀型增长，非垄断市场激烈竞争的重压，都是中小企业单打独斗绕不过去的坎。借助外部力量，对中小企业的数字化转型来说至关重

要。中小企业的数字化转型要求企业先外观世界，再内自省之，在每一步的前行中自省自悟，外观内观，用理论指导实践，用实践检验理论，在持续的反馈、反思、修正、调整和优化中前行。

1. 数字化转型底层逻辑

理解数字化转型的底层逻辑，首先得明白数字化的本质，即可交互。业务可交互、数据可交互、角色可交互，不仅需要实施信息交互技术，实现企业全面业务的数字化，这涉及一套完整全新的价值网络的搭建，以此营造新时期和客户的新的交互关系，满足个性化需求和期望的体验；同时在牵涉公司的交互模式变革，包括人员与财务、投入产出、知识与能力、企业文化的调整变化中，更要对思维方式、业务习俗、路径习惯、文化窠臼做颠覆或舍弃。

（1）价值网络的搭建

当世界进入数字经济高速发展阶段，数字技术开始发挥"连接一切"的作用，产业之间的界限越来越模糊，这标志着产业互联网时代已然到来。贝壳找房的成功脱离不了创始人的数字化基因，更要归因于互联网兴盛的时代。从链家到贝壳找房，发挥大数据在多个维度产生的交互和迭代，继而改变房地产行业的流程、场景，使之标准化、数据化、智能化，将连接扩展到全产业、纵深到产业链的每个环节，利用数字化工具跨越了企业的边界，让平台获得了新动能，实现了新功能，共建数字生态共同体，形成新的价值网络（见图6-2）。贝壳找房在资本市场被看好的潜力不在于拥有什么资源，而在于以下几方面的因素：跟谁合作、跟谁连接、为谁助力、对谁服务，提升怎么样的产业连接效率，带来了什么样的新颖、智能的体验和高效的、人性化的服务，从而共享了什么样的资源和创造了更多什么样的可能性。

在贝壳找房的价值网络中，高学历、高职业度、良好价值观、高社区参与度，甚至达到新型社区专家标准的经纪人是关键；精通数字化技术，打造出新平台、新场景、新体验的工程师是关键；认同贝壳重塑行业理想与能力的上下游伙伴和投资者是关键；最终贝壳找房可以为政府判断城市房屋供需状况、规划老旧小区改造路径、完善社区配套等方面提供充足而科学的依据。

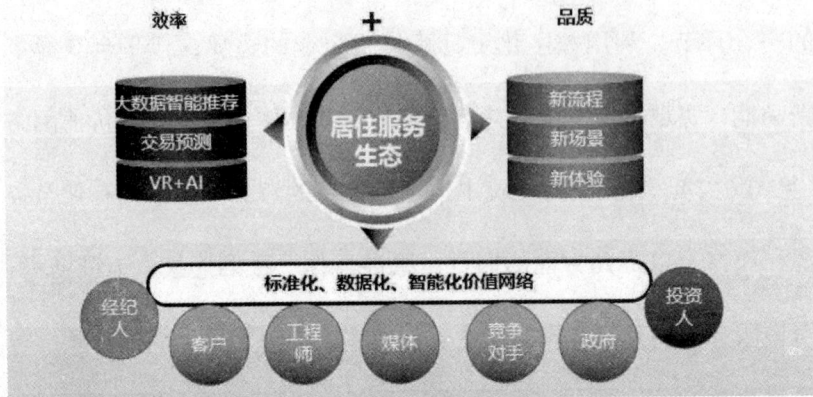

图 6-2 贝壳找房价值网络

（2）克服刚性

贝壳脱胎于链家，却也独立于链家。一个是中国房产存量市场的最大品牌玩家，一个是一个技术驱动的、数据驱动的互联网平台。贝壳找房的横空出世确实是为了上市，碍于链家集房地产中介行业存在的不规范性、政策监管层面的制约以及对赌协议的五年制约于一体，导致 IPO 有巨大的不确定性。尽管贝壳借力了链家的业务基石，商业模式的刚性决定了贝壳找房如果不能自立门户，另起炉灶，用自己新业务的红火去革链家老业务的命，最后实现颠覆式创新，就无法形成贝壳在技术、数据、科技上的能力积累，赋能和服务其他商家。

整个房产中介行业都面临着信息不对等的"真房源"挑战，经纪人会"无意识"地发布虚假房源，就是行业商业模式刚性的典型表现，C端的一次博弈和B端的零和博弈让行业一直处在劣币驱逐良币的恶性循环态势中。在整个行业都面临着信任危机的背景下，从自营模式转型平台模式困难重重。从把"雇员"变成合作伙伴，启动多赢博弈规则，极大提升了房产中介的平均职场生命周期和劳动效率开始，贝壳找房就是让参与者感受到平台所带来的附加价值从而不断实现指数级增长。而创始人独特的战略眼光、整个团队的超强执行力、打造长期价值的创造能力，拿得出长期实打实的"家底"做持久战的资本，才是贝壳找房能克服商业模式刚性和组织刚性的DNA。

2.数字化转型的未雨绸缪

每个行业的变迁都会经历一轮早期的野蛮生长，接着是持续的试错、调整、重构，然后是大范围、长时间的洗牌重塑，最后进入良序发展的状态。贝壳之所以能够转型成功，是用超越当下的眼光来看待未来，在每一步的发展中提前预见、未雨绸缪的结果。

（1）从二手房交易迈向了更广泛的房屋流通

z

（2）从房屋流通迈向了更广阔的产业服务

贝壳找房在消费端完成积累后，适时地抓住了产业端和政府端的第二曲线，将自己重塑为产业进化的"底座"，通过聚合和赋能全行业的机构和服务者，通过开放数据资源，利用云计算、AI、大数据、5G 等新技术能力，精准连接供需两端，以优化人、房、客、数据的交互，提升整个房产经纪行业服务水平，同时持续为行业输送优质的专业服务人才，引领行业正向循环。

3. 数字化转型路径总结

中小企业的数字化转型，第一，要懂得重新梳理价值网络，盘点自己的网络关系，明晰自己的网络节点定位，从外而内，主动向外求，再向内探，逆向转型；第二，要善于避重就轻，绕道而行，规避原有系统和模式的刚性，数字化转型不要只有迎难而上的勇气，更要有弯道超车的智慧；第三，要机敏灵活，动态适应，不要有路径依赖，数字化转型有样板可依，有方案可循，但却极其个性化，不能盲目跟进，以免迷失在转型的风险中（因企业实际情况而异，没有一劳永逸，好的数字化转型恰恰是最终建立了应对各种不确定性的灰度弹性能力）；第四，要未雨绸缪，做非连续性创新，敢于对内破坏自己原有的主营业务，一旦发现丧失增长可能性的迹象，要冷静地改弦易辙，寻找新的增长红利。

三、贝壳找房数字化转型的适用性分析

贝壳是传统服务业向互联网平台转型升级的典型代表。贝壳找房的数字化转型路径具有一定的适用性，其产业发展状态和现有格局是不少传统产业的缩影：市场供应总量不平衡、供给结构不合理，不能有效满足快速增长的消费升级需求，这样共同的产业生存环境逼着企业主动站到市场前沿，积极消化国家政策，主动调研市场消费信息，先提升自己专业化、机构化的服务能力，建立供应信息数据库，搭建数字化平台，不断集中供需信息，进行有效的跟踪服务和精准匹配服务，同时开放给生态合作伙伴，携手共创共享。

数字化转型成熟度是一个企业在数字化转型中可以进行自我评估的参照系，是研究企业自身与样板完美状态的相对值。德勤中国与中国连锁经营协会联合开展的《中国零售企业数字化转型成熟度评估》，从数字化程度、数字化转型管理和数字化转型驱动力三大维度，评估企业的数字化发展现状和目标。中国信通院云大所在 2020 年 9 月 8 日推出了企业数字化转型 IOMM（Enterprise Digital Infrastructure Operation Maturity Module）标准，提出了基于企业数字基础设施云化管理和服务运营能力五种成熟度模型，分别是基础保障类、业务支撑类、平台服务类、客户运营类和创新引领类，主要从能力和价值角度全面衡量评估数字化定位水平，并以价值分数进行效果验证。

中小企业的数字化转型要摸着石头过河，大胆假设，小心求证。在不知河水深浅、容易陷落的时候，敢于试水过河的总是行业的排头兵。贝壳找房作为房地产中介行业的排头兵，探索出了数字化转型过程的四个验证成熟度指标：技术维度、流程维度、文化维度、资源维度。掌握和运用好这四个指标，是促进企业转型升级成功的关键，更是检验企业转型成果的标尺。

1. 技术维度

虽然每个企业都处在数字化转型的不同阶段，但技术投入，是任何企业都必须从改善客户的互动，提高员工的工作效率角度进行

策略设计和系统架构的。数字化转型需要我们进行信息集成和数据处理，做数据分析、数据研究、数据服务，支持和维护数据驱动的运营模式。这就要求企业充分利用移动云计算的优势，投资人工智能，利用物联网的力量、关注数据和分析，应用更强大的数字工具取代过时的技术。

在互联网的世界，用户注意力是稀缺的资源，而今天的注意力分布正在发生三个变化：从线下转移到线上、从 PC 转移到移动、从信息转移到交易。这意味着为了让用户体验感更好，为了吸引并留住用户的注意力，企业需要为之提供更全面、更及时、更准确的技术服务，让人们的房屋搜索成本更低、决策过程更加透明，同时还能满足人们全城搜索的需求。贝壳找房一键搜房，从线下转移到线上，通过在线社交，无缝对接，VR+AR 视频透视服务，让用户在指尖就完成过去要到线下才能完成的任务。

贝壳在数字技术上的持续投入，让如视 VR 有机会助力 2022 冬奥会建设 5G 数字化 3D 数字场馆项目，打造"线上冬奥"，贝壳 VR 还赋能了后端衍生服务合作伙伴红星美凯龙，让用户可以足不出户就能"逛"商场，如同"逛"房子，在 VR 场景还可以随意挑选自己心仪的家具家饰。贝壳正以行业领先的数字化技术拓展自己的边界，凭借技术实力为行业带来更大的想象空间。

2. 流程维度

数字化转型需要从纵向的执行链到横向的价值链，从端到端的产品链到点对点的资产链，都要使流程更科学化、柔性化、敏捷化，既要高度集成，又能随机组合，能够根据客户不断变化的需求来进行实时改变或灵活的调整，确保流程畅通能够高效运行，方便各项措施的执行和目标任务的完成。

流程管理的每一步精细化操作都是服务对象非常关心和特别重视的，因为他们需要了解你提供的服务是否真实可靠，是否满足自己的需求。流程维度越清晰，客户或者用户越能够从中分析和发现自己需要的东西。只有完全具备和超越他们的条件要求，他们才会接受你的服务。在这方面，贝壳用实际行动将我们带到了流程管理的实战与服务策略中，它们的试水成功给中小企业数字化转型提供了很好的借鉴与引领作用。

贝壳可以共享真实房源信息，依据房源质量与交通便利等情况，异质定价，适时推出的"VR 看房、VR 讲房、VR 带看"三大 VR 核心功能为一体的服务体系，成功地塑造了贝壳找房最安全、最便捷、

最实惠的品牌形象，贝壳一站式的房屋信息分发与跟踪服务，大大提高了可信度。这种传统中介服务行业依靠数字化转型，连续几年发展势头强劲的正增长，说明合理运用"互联网+"的平台化升级，十分有利于传统行业的转型发展。对传统企业来说，全方位数字化转型的最大难点是流程再造，因为传统企业的业务流程已经积累多年，刚性十足，用新技术打破这个链条的话，需要重新设定组织各个部门的职责，这对企业经营管理人员特别是一把手是个巨大的考验。传统行业只要用上流程维度的推进器，以深化流程改造为主线，推动业务流程的自动化和智能化，就可以复制贝壳找房的数字化转型。

3. 文化维度

数字化转型要求企业内信息的自由流动和高度共享，也要求组织的扁平化、网络化协作，以及基于知识的平等决策、教育和培训全员主人翁精神养成，深化内部各级员工的变革意愿和社会化协作意识。企业的主体构成是人，企业的敏捷性最终取决于员工的行为，积极向上的创新意识和变革基因。企业数字化转型，不仅仅是业务的转型，更是文化的转型，管理模式的转变和不同价值的交融。文化包含了理念愿景、组织架构、管理流程、绩效制度、服务政策等，重塑企业文化的难度远远大于完成一个计算机信息系统建设的难度。

贝壳找房锁定的是关乎民生的居住服务行业。有尊严的服务者、更美好的居住，是左晖的使命，基于此，构建一个全新的、线上线下一体化、透明、有序、健全的房地产交易基础设施平台是手段、途径。从一开始，贝壳平台的价值就在于让每一位服务者能够活下来、活得好，并不断获得成长。改变过去以"业绩"为指南的行业风气，以"人店"为核心进行产业链建设。左晖在敲钟仪式上说："永远相信自己。虽然每个人都很渺小，但如果我们在一起的话，就能够创造巨大的价值。"这是通透的道路自信，倡导长期主义对短期主义的持久战，用 ACN（经纪人合作网络）文化坚持对客户好、对经纪人好、合作共赢和线上化，让整个产业焕然一新。

中小企业要认识到企业文化体系的重塑不是一蹴而就的，正所谓"建不易，变亦难"，在所有影响变革的因素中，企业文化的变革是最难取得短时间突破的，传统企业的文化刚性对于数字化转型的冲击可谓是致命的，很多项目最终落败于此。衡量数字化转型升级是否成功的重要标志，就在新旧文化的相互博弈过程中，新的文化变革是否最终能赢得胜利。贝壳不走捷径的"难"贯穿其成长的每

一步，很多城市出现"反壳联盟"，贝壳打破信息鸿沟，用真房源挑战行业"信息不对称性"的主要盈利模式，遭来的是持续不断地对贝壳找房垄断的质疑，但贝壳最终交出了傲人的成绩单，坚持做了正确的事情，守得云开见月明。

4.资源维度

任何时代，资源都是非常宝贵的，谁拥有的资源越多就有可能变量成丰富的财富。资源维度是可知的各种物理的、可见的资源，是包括企业员工、机器设备、工具、原材料、半成品和产成品、产品价值、品牌价值、服务价值、文化增值，服务对象等维护企业正常运转的所有资源。掌握资源维度信息、可以进行有效的数字化分析，发现和了解各种问题，实时调整优化组织结构，以实现物理世界和数字世界的融合。增强资源维度的能力，才能更好地实现数字化转型。

住房租赁服务都是以民营为主，起步晚发展快。针对我国当前住房租赁市场供应总量不平衡、供给结构不合理，不能有效满足快速增长的品质租房消费升级需求的情况，链家主动站到市场前沿，积极消化国家政策，主动调研房屋租赁消费信息，先提升自己的专业化机构化的租赁服务能力，建立存量房屋与流动人员住房居住信息数据库，不断集中供需信息，进行有效的跟踪服务。在这个功课做了长达十多年之后，开放企业的各项资源和能力，大力发挥自己的资源优势和行业影响力，以平台化赋能促进其他租赁机构的成长和发展，通过帮助中小的市场化房产交易机构及个人充分发育完善，形成渠道多元、总量平衡、结构合理、服务规范、制度健全的住房租房市场。

房地产租赁买卖本来就是一个环节复杂、参与主体众多、多层次需求的市场。以地产开发商、中介机构、个人生活消费者、政府为主的交互场景中，不同的参与者提供不同的价值。比如，政府提供配套政策、营造环境，收取费用；中介机构提供信息价值服务、从事规范经营；消费者获取资产收益、享受品质生活……多方交织在一起，共同构筑出一个完整的"居住有其屋，消费恒有家"的生活服务圈，让参与者和主体共同组成了和谐共生的生态图。贝壳找房作为产业资源的整合者，顺利地让产业链上下游合作伙伴成为自己的投资人，纵然三年的发展险象丛生，但因为各种资源力量的强大护持，最终修成正果（见表6-2）。

表 6-2 贝壳找房的资源生态网络

投资资源清单	代表性列举
上游供应商资源	万科、融创、碧桂园
渠道资源	腾讯、百度
资本资源	高瓴、华兴、软银、红杉、诺亚财富、源码资本、歌斐资产、经纬中国、执一资本
实体信用资源	美团创始人王兴、新希望、光线传媒、九阳股份
品牌资源	链家、德佑、自如
房源资源	1.94 亿套数字化房屋
媒体资源	搜狐焦点

这些资源都在赋能贝壳洞察产业趋势,撬动行业变革,让正确的事加速发生。中小企业的数字化转型要善假于物,梳理资源,挖掘资源,开发资源,利用资源,回报资源,良性发展,产业互联网撬动和反哺都是利益相关方的资源的调动、组合、优化,重新切准资源的最佳匹配方式,释放产业潜力,提升产业效率。

企业可以根据以上四大维度,正确地对自身的数字化转型进行评估,并寻找改进方向和执行措施。

第一,确定当前成熟度等级,分别从资源、技术、流程、文化四个维度进行三年以内相关数据的对比分析,分别看其处于互联化、智能化、可视化、透明化、自动化的哪个状态之中,分析转型的差距与距离,并找出要着力解决的问题,尽快处理。

第二，确定改进方向，进一步分析优缺点，没有分析对比就不知道差距，看看还有哪些资源与潜力可以利用，可以挖掘，有助于我们彻底改进方向，直达追求效率和利益的最大化目标。

第三，制定具体措施加强执行力，结合第二步所明确的改进方向，根据企业发展规划与战略优先级，制定具体的数字转型措施和推进路径，加强执行力落实到位。帮助企业实现敏捷执行力和产供销服务等价值综合系统实时量化，最终达到自适应的进化，转型成功。

传统企业的数字化转型，要在行业内作为数字经济的新生力量崭露头角，和贝壳找房一样会面临着过去固守一亩三分地的业务特点所带来的新挑战。例如，业务场景严重依赖用户个人信息、交易过程复杂路径长、数据边界模糊、业务交互复杂、行业成交趋利导向严重，政府监管严格，受政策影响大。中小企业要结合自身业务特点与面临的内外部挑战，明确自身的核心目标与价值定位，用重构商业模式和再造组织模式应对不确定性的永恒挑战。在不确定性的环境下，企业一定要加快创新步伐，由质变到量变，从思维方式到全流程、全要素的多维度调整，借助数字化转型加速新旧动能转换，打造出可永续存在的生态型组织。同时，学习和借鉴企业转型

升级的"先行者"贝壳找房的成功经验，尽量少走或不走弯路。

人类社会的每一次进步都是伴随着许多阵痛前进的，不在阵痛中消亡，就在阵痛中新生。借鉴别人成功的经验，再结合自己的创新实践永远是弯道超车、后来居上的最佳选择。回望贝壳数字化转型的发展历程，我们能获得如下启示和发展动力：重新定义交易关系和组织结构，建设数字化系统平台，充分发挥职能作用和数据价值，将企业改造成适应新思维、追求新技能、落地新存在、使用新工具、降生新生态、促发新能效的生命体，借力数据定义、场景驱动、进行跨界互联互通大协作，发展新用户股东、盘活多数据资产、节能降耗增产增收，完成"互联网 + 数字化"的转型升级。

结论

随着房地产调控的持续推进，加之杭州官宣试点取消中介，更因遭遇创始人左晖离世风波，贝壳找房市值已暴跌千亿。截至 2021 年 8 月 18 日，贝壳股价收报 18.72 美元。从长远来看，住宅房地产上的理性规划，房住不炒的国家硬性政策也会让贝壳找房这样的中介平台日子艰难，甚至贝壳找房可能会成为商业历史的现象级案例，但这都无法改变和抹灭贝壳找房在组织重塑中所做的开创性尝试和积极有效实践。

实现数字化转型是当前企业适应新的互联网环境必须要做出的模式转换，也是企业管理和组织运行的一次革命。企业转型数字化需要顶层设计，需要统筹规划，这就需要完成企业商业模式、组织模式的全面重构。企业实现数字化，就是要把所有的关键要素变成

一种数字化手段。商业模式和组织模式中的交易关系、人事关系，通过这种数字化手段，实现机器可识别、可链接，借助互联网的链接，实现全要素之间的一种数字化关系，改变企业以往数字化的不完整，数字之间没有关联性的分割局面，形成全数字化、全链接、各要素数字之间发挥相互支持的价值作用。并且借助企业内部、外部的经营活动产生的各种数据，在以往企业 IT 系统的基础上，构建完整的各要素的数字化体系，当前特别是要实现用户的数字化、产品的数字化、供应链的数字化，员工的数字化，把所有的全链路"人"和物纳入企业的数字化体系，支持企业实现以产品和流程为基础的所有数字化连接，化实为虚，化整为零，成为企业实现数字化管理的一种新的模式。

同时，数字化转型要采用最先进的信息技术，用区块链分布式存储技术来解决悬在平台型企业，数据资产驱动类企业头上的"垄断"这把达摩克利斯之剑。让数据回归每个产生者，尊重他们的隐私，维护他们对于自己数据的使用权、支配权、收益权，让平台化企业有理有利有节地使用数据，用数据资产来促进企业在共同富裕中的价值发挥。

中小企业的数字化转型之路，完全可以低成本、低风险，低门槛，要实现这个风险最小收益最大的理想结果，就必须完成组织重塑，让商业模式重构和组织模式再造先行，且要有对一线市场的以及对用户需求、情绪、行为的感知力，不论是哪种商业模式和组织模式，在数字时代，用户力都是企业得以生长的源源不断的力量。中小企业的数字化转型，是一个产业互联网化的过程，或者成为平台的发起方，或者成为参与方，理解产业，读懂产业，瞅准洼地，深度挖掘，融入产业，用共识替代指挥来协作，用交易替代管理来交互，用选育替代培养来去留，拥有对开放性合作的信仰。只有合作，才能共赢；只有共赢，才能持久。同时，基于共识，锚定发展价值，协同生态合作伙伴做难而正确的事情，利用资产数字化针对中小企业的特殊性，降低变革阻力，增加利益引导，释放创新活力，让短期有效，长期见效。

参考文献

中国期刊全文数据库

［1］刘志祥.企业商业模式创新的路径与实施研究综述[J].商业时代，2013（31）.

［2］李巍，董江原，杨雪城.平台型企业商业模式创新的路径及实现机制——基于秒银科技的案例研究[J].管理案例研究与评论，2018（04）.

［3］李云飞.新经济环境下中小企业组织结构变革研究[J].沈阳航空航天大学，2014（12）.

［4］姜涛.龙煤机械斯达公司组织变革的路径研究[J].哈尔滨工业大学，2014（3）.

［5］林志扬，徐宏奇.组织变革之路径剖析 [J].商业研究，2013（10）.

［6］王芳."互联网 +"商业模式创新发展趋势分析 [J].商业经济研究，2018（20）.

［7］林晨，陈寒松.互联网思维下传统服务企业商业模式演进——基于千千氏的案例研究 [J].企业经济，2019（02）.

［8］张成刚.数字化转型中的组织形态变革：理论与现状 [J].上海商学院学报，2020（04）.

［9］肖旭，戚聿东.产业数字化转型的价值维度与理论逻辑 [J].改革，2019（08）.

［10］谷方杰，张文锋.基于价值链视角下企业数字化转型策略探究——以西贝餐饮集团为例 [J].中国软科学，2020（11）.

［11］孙志燕，郑江淮.积极应对全球价值链数字化转型的挑战 [J].经济日报，2020（01）.

［12］孙志燕，郑江淮.全球价值链数字化转型与"功能分工陷阱"的跨越 [J].社会科学文，2020（11）.

［13］付永刚，王第，邹雅璇.组织变革路径及影响因素研究——基于国企与民企的案例对比 [J].管理案例研究与评论，2018（06）.

［14］洪进，杨娜娜，杨洋.商业模式设计对新创企业创新绩效的影响 [J].中国科技论坛，2018（02）.

［15］袁超龙.关于企业降本增效工作实践与思考 [J].纳税，2019（18）.

［16］王炳成，王敏，张士强.实践出真知：商业模式创新失败的影响研究 [J].研究与发展管理，2019（04）.

［17］王雪冬，董大海.商业模式创新概念研究述评与展望 [J].外国经济与管理，2013（11）.

［18］闫卉，罗伟欣，赵天翊.大型企业数字化转型问题思考及建议——基于 GE 数字化转型案例 [J].中国市场，2020（01）.

中国重要会议媒体报告数据库

［1］国家"十三五"发展规划纲要。

［2］李克强总理政府工作报告节选。

［3］工业和信息化部疫情防控报告数据。

［4］贝壳找房年度工作计划数据。

中国重要书籍全文数据库

［1］龚焱，郝亚洲.价值革命：重构商业模式的方法论[M].北京：机械工业出版社，2016.

［2］罗宾·蔡斯.共享经济：重构未来商业新模式[M].杭州：浙江人民出版社，2015.

［3］王兴山.数字化转型中的企业进化[M].北京：电子工业出版社，2019.

［4］崔立标.数字化转型指南：新商业的思维、方法和工具[M].北京：人民邮电出版社，2020.

［5］马晓东.数字化转型方法论：落地路径与数据中台[M].北京：机械工业出版社，2020.

［6］沈建光.产业数字化[M].北京：中信出版集团，2021.

［7］杨龙.裂变式转型：互联网＋转型纲领[M].北京：机械工业出版社，2015.

［8］魏浩征.组织重启[M].北京：机械工业出版社，2020.

［9］弗雷德里克·莱卢.组织重塑[M].北京：东方出版社，2017.

［10］郝亚洲．海尔转型笔记［M］.北京：中国人民大学出版社，2018.

中国博士／硕士学位论文全文数据库

［1］杨柔坚．基于价值链重构的传统企业商业模式创新和价值创造研究［D］.南京：南京师范大学，2018.

［2］张晓娅．海底捞商业模式创新研究——以组织结构变革为路径［D］.蚌埠：安徽财经大学，2018.

［3］朱慧．基于商业模式创新的企业组织能力构建研究［D］.无锡：江南大学，2013.

［4］邹雨婷．企业商业模式创新及其绩效研究——基于苏宁云商的案例分析［D］.南京：南京财经大学，2014.

［5］于迎．数字化背景下报业的商业模式转型研究［D］.上海：复旦大学，2014.